I0764926

# FREUD Y LACAN

## —hablados—
## 2

MIGUEL OSCAR MENASSA

EDITORIAL GRUPO CERO
COLECCIÓN: EXTENSIÓN UNIVERSITARIA

# Índice

# FREUD Y LACAN

## —hablados—

**2**

# LA FAMILIA COMO ESTRUCTURA SEXUAL

Euskadi, 1979

Los pormenores de un destino me llevan por sus avatares siempre incontrolables a ponerme frente a ustedes en posición de levantar lo que, para mí, ya ha caído: la familia, la estructura, lo sexual.

Quiero decir que en los tiempos que corren si es familia, es cristiana; si es estructura, es dogmática y si es sexual, es psicoanálisis.

Y donde las matemáticas fueron el paso sin retorno donde el hombre rompe por primera vez, en su historia como hombre, el círculo imaginario que sobre él determinaba la religión; el cristianismo será la posibilidad dramática desde la cual el hombre podrá matematizar los restos de aquel círculo.

Y si bien el siglo pasado y la Coca-Cola han matado a Dios, debemos decir que todavía su palabra es verdad, síntoma, mutilación.

Lo que acabo de decir puede resultar sólo la sugerencia de una guerra interminable y desoladora entre la religión y sus dioses y las ciencias y sus ejércitos. Donde una y otra no se cansan de repetir que de triunfar, harán que las ciencias o bien la religión, según el resultado, dominen definitivamente los bajos y misteriosos instintos del hombre.

Yo preferiría, entonces, quedar excéntrico de vuestra mirada para poder deciros que Dios es a la religión como la Ley a la estructura y el Nombre del Padre a la sexualidad.

Y no será necesario en esta exposición hacer una apología de la idea de Dios, ya que ella misma es su apología por ser palabra entre nosotros que estamos reunidos y del hombre se trata.

Una vez escrita la palabra dudé de mí al sentir que intentaba dar cuenta y gracias a la posibilidad brindada por ustedes, a los 38 años, de lo que creía superado a los 14 años.

¿Dios existe?

Yo soy Dios, contesta el ser humano, porque con mi propio cuerpo, produzco el nombre que lo nombra. Y el lenguaje es Dios porque su materialidad práctica, la escritura, es materialidad histórica de todo lo vivido. Y por la irrupción brusca del lenguaje en el propio centro de la biología, en las propias entrañas de las leyes físicas (y no hablo de ninguna otra cosa que de las ciencias contemporáneas y para no entrar en discusión las nombro: la Teoría del Valor y la Teoría del Inconsciente) la escritura será materialidad de todo lo soñado.

La existencia de Dios se sobrelleva en condiciones lamentables.

¿Dios existe?

Sí, pero en las entrañas del oro. Sí, existe, pero en la posibilidad misma de la carne porque Dios es deseo.

Todo lo que no toco con mis manos, todo lo que no puedo con mi sexo, es Dios.

Sésamo ábrete y sésamo se abrió porque hubo un hombre capaz de llevar su propia razón hasta límites impensables para el hombre y habló con una piedra.

Y fue, como sabemos, en el principio el Verbo y no hubo después de ese momento ningún hombre sobre la tierra sin su nombre.

Y así el hombre va por la vida asustado de su supremacía sobre los otros reinos y hace divino (proveniente de Dios) lo que no puede soportar como animal humano, sus diferencias: el lenguaje sobre todo lo otro.

Y hasta tal punto, del lenguaje, su tiranía actual, que hay en mí, y en doble sentido de cromosómico y también de inconsciente, los efectos de sus leyes: semejante y distinto, crezco humano, precisamente, en el tiempo donde las letras se combinan en la palabra «humano».

Y sin entrar todavía en tema quiero decir que, con dos meses y días de anticipación, fui notificado de la participación del Grupo Cero, en mi participación, en LA PRIMERA SEMANA DE ESTUDIOS SEXOLÓGICOS DE EUSKADI y que, exactamente, una semana después nos pusimos a trabajar en el tema unas 30 personas. Estando de acuerdo en la ansiedad que nos provocaba el título del tema encomendado: la Familia como Estructura Sexual. Ya que algunos de nosotros —llevados en el intercambio grupal a la comprensión de la familia como estructura sexual— estamos intentando en la actualidad, al mismo tiempo que vivimos, formas de convivencia que sin alterar claramente los modelos tradicionales muestren las fisuras por las cuales, en tanto estructura, sea posible la transformación de la sexualidad familiar.

Comenzamos a trabajar el tema, contentos, diría yo, de que nos hubiese tocado en suerte no sólo exponer acerca de lo que creemos saber sino también, y a modo de presentación, hablar en ese saber de nuestros antecedentes. Un tema que por haber sido casi nuestra única preocupación en los últimos 12 años, tanto sabíamos de él o, por lo menos, tanto tendríamos que saber.

Ya que el grupo, con su propia vida e instrumentos teóricos mediante y operando un descentramiento casi demencial (ya que cada uno es su propia familia y su condena es formar una familia igual) pudo ver en la familia, más allá de todo lo que Ella propone como desvío para no ver, simple y sencillamente una estructura sexual desvariada de tanto querer repetir en el hombre (nosotros mismos) los precisos estados que por sexuales, ella, la familia, como estructura genera y legisla.

Este descubrimiento, y debo decirlo porque de la familia se trata, es el motor que con su ilusión de una posible transformación de los modelos familiares determina nuestra vida actual.

Y sin embargo, después de las primeras alegrías, nos dimos cuenta que nuestra experiencia vivida era sólo eso, experiencia vivida. Es decir, que las marcas, las señales del proceso estaban, o bien en nuestro propio cuerpo (de donde sabemos es absolutamente imposible encontrarle sentido) o bien, sin llegar a tener miedo, estaríamos anonadados por la ruptura estrepitosa del espejo donde Edipo, antes de nacer, ya había sellado su destino.

Y queremos pensar que a pesar de la fragmentación especular a la cual nos había llevado nuestra manera de vivir, donde cada cual era otro y otro no podía ser sí mismo, el silencio marcaba el lugar de la estructura donde una vez más cada uno, uno mismo, padecía la ilusión de ser el centro del sistema y que, mirándose en uno cualquiera de los fragmentos del espejo, violentamente y sin llamar la atención de nadie (en silencio) conseguiría, ahora por autoprocreación, coronar su soledad y su silencio en un espejo de tales dimensiones como para que en él pueda volver a aparecer Edipo y nos dicte, antes de nacer, una vida ya vivida: la vida de nuestros padres.

Alrededor de la invariante Edipo pululan los olores de una familia.

Un padre muerto, una madre partida en dos y un hijo ciego. Y por si fuera una metáfora, diría, un hijo generalmente extraviado.

El niño tendrá que recibir de la misma persona, su madre, los cuidados alimenticios y los cuidados sexuales que en prácticas de limpieza y manipuleo de las zonas genitales, en ciertos casos, se extienden hasta muy avanzada la primera infancia. Y entre tanta carne, sudor y leche que recibe de Ella tendrá que recibir, también de Ella, y por un mecanismo análogo de reflexión, el símbolo que lo hará hombre para el símbolo.

Ella nunca es translúcida a su propia palabra. Del espesor de esa opacidad y de la dependencia extrema del pequeño niño en esos instantes, el símbolo impartido por Ella (y en todos los casos impartido ya que Ella tiene como función reproducir) llega al niño de esta manera siempre resquebrajado. Y en los pliegues de ese símbolo resquebrajado se inscribe, a falta de otro escenario, la verdad del sujeto: su síntoma, su impotencia, su mutilación.

Si es varón, podrá pero no podrá.

Si es mujer, directamente no podrá.

Llevado ahora por un viejo vicio de cuando estudiante del psicoanálisis pretendo continuar este trabajo tratando de ver cuáles son los bordes más adecuados para el encuentro. Y si considero, más allá de estar de acuerdo o no con lo que escribo, que en la palabra estructura podríamos hallar el espíritu teórico del título y en la palabra sexual su espíritu humano, nos quedaría por ver en la palabra familia el modelo ideológico desde el cual se imponen, para su propio desarrollo como modelo, que por moderno sea estructura y que por humano, ya que no queda otro remedio, sexual.

Y como todo modelo ideológico condena a repetirlo o revolucionarlo y si lo que está en cuestión es el sujeto familiar, debemos decir que en cualquiera de los dos intentos se le va la vida.

El modelo, por ser modelo, se repite o se transforma según condiciones sobredeterminadas y por ideológico se repetirá o se transformará sólo sobre el propio cuerpo viviente del sujeto.

Sin sangre no hay ideología.

El vicio que no llegué a mencionar cuando me era dable hacerlo fue la epistemología materialista. Un modo no de producir conceptos sino una manera de leer la producción de conceptos. Es decir, una visión del mundo determinada, una ideología determinada desde donde ordenar (porque la ideología siempre es ordenadora) la producción científica.

No somos, por lo tanto, una matriz elemental y sensible a todo, tenemos una cierta caída en nuestro discurso, un cierto color.

Decimos que los procesos de producción científica son diferentes a los procesos de producción ideológica. Y si bien sabemos que ahí en el magma de los ideales, en plena ideología, cuando el concepto nace concepto científico, nace radiante y puro de ideología en tanto es de ella de quien nos habla, también sabemos que su desarrollo o su muerte están estrechamente vinculados a los modelos ideológicos imperantes.

Un título que más que un título es en sus paradigmas a mi alcance, por lo menos dos ciencias. Donde en el encuentro con lo sexual la estructura se hace antropológica y en el sesgo donde lo sexual interrumpe su flujo para gozar o para morir, la estructura padecerá los defectos de la Ley que la Cultura impone a toda cosa hombre para poder nombrarse con su nombre y ser.

Si Edipo reina, la Ley prohíbe el incesto.

Y propone para semejante objeto: el inconsciente constituido como efecto de la prohibición, una ciencia: el psicoanálisis.

De la realidad (metáfora de todo lo posible) las ciencias son todo lo posible de ser determinado.

Más que verdad, símbolo, más que progreso humano, cultura. Y cuando digo cultura, digo que desde su irrupción en el mundo terrestre hay en las ciencias algo que se repite.

Desde las milenarias matemáticas (y pido perdón por hacerles creer por un instante que las matemáticas tienen que ver con la familia) la ley de los números naturales nace entre un rosario de piedrecitas que se contaban y se descontaban y cada cosa tenía su correspondencia en lo real y los instrumentos de equivalencia nunca eran palabras. Ley que viene a nombrar la imaginaria cantidad que, desde su reconocimiento como imaginaria, mostraba precisamente en lo que regulaba (dos conjuntos de objetos reales) su desconocimiento de la ley reguladora de dicho intercambio.

Primer juego de pasiones registrado entre el símbolo y la cosa. Donde la cosa muere y el símbolo dueño ahora del nombre de la cantidad no recurre a la cosa para nombrarla.

Y entre un dios que tambalea porque trascender ya no es divino sino simbólico y un número que seguramente por ser generador de un modelo se mantiene ligado en el imaginario de la época a la cosa por un fino cordón umbilical y donde todavía nombrar uno era de alguna manera recordar una cosa y nombrar dos podía aparecer como recordando dos cosas, el acontecimiento del número irracional termina con el dominio de lo real y condena al hombre a que lo simbólico sea su última palabra.

Y queriendo insistir en esta detención, porque la creo imprescindible:

Antes del símbolo era la cosa contra la cosa, y su regulación dependía del impacto que en el imaginario de los sujetos provocaba la cosa misma, por tanto su valor no dependía de nada determinable sino más bien que variaba con las variaciones de la realidad donde acontecía la operación y, como sabemos, esto se llama manipulación ideológica de la realidad.

Y así es como toda estructura determinada, y las matemáticas se precian de serlo, no sólo es producto histórico sino un movimiento de generación histórica. Y así es como en ningún otro lugar que en el vacío formal de las proporciones geométricas sin contenido, donde la física encuentra la estructura formal abstracta de sus primeras leyes.

Y no hace falta ir más lejos para decir que sin el desarrollo de las ciencias físicas no hubiese sido posible la revolución industrial y sin esa posibilidad de socialización universal no hubiesen sido posibles las ciencias donde el hombre cree ver, por fin, su propia medida como hombre.

Y así es como el hombre, en los últimos siglos, padece las heridas de saber y no ser, en nada de lo que se determine, el centro del sistema.

Sujeto, sujetado al paroxismo de leyes inviolables. Donde como persona no participa en la elección de la posición que le tocará ocupar en su vida por estar sojuzgado por ser hombre: a la tiranía del significante si se trata de la adquisición del lenguaje; a la tiranía de

las relaciones de parentesco si se trata de la adquisición de la sexualidad (humana) o bien, y además simultáneamente, a la tiranía de los modos de producción (sea de mercancías o de sentidos) si se trata de la adquisición del ser social.

Y seguimos sin saber qué es una familia.

Hablar de lo que no sé siempre me resultó agradable y hasta diría, terapéutico. Nunca un descubrimiento íntimo le hace mal a nadie. Pero hablar, como en esta oportunidad parece que me ha tocado en suerte, de lo que nadie sabe me resulta, debo decirlo, temible.

Y si bien, como se sabe, no soy ninguna otra cosa que un escritor, en esta oportunidad temo más a las palabras que puedan aparecer sobre la hoja en blanco que a vuestra inquisidora mirada personal en un diálogo cuerpo a cuerpo, como si estuviéramos descubriendo nuevos horizontes y, sin embargo, cada cual estaría recordando, empecinadamente, a su propia familia.

La familia, quiero decir, permanece en la mirada.

Y la familia no es, como se cree, un hecho natural.

Sistema de sistemas. Máquina hominizante.

Ella sólo desea reproducir.

Mi mirada es vuestra propia mirada y el amor que se desprende de esas cálidas miradas es ciego.

Y hablando del sexo y del ojo recuerdo una frase de la religión (que por religiosa no menos familiar): «Si un ojo te da oportunidad de pecar, arráncatelo».

Tratando ahora de no desviarme demasiado de la dificultad que presenta para mí el tema en cuestión, diré que hablar de la familia como estructura sexual no es hablar de ningún modelo teórico para dar cuenta de ningún modelo familiar sino, más bien, hoy día, se trataría de hablar de la máquina o bien del centro de la máquina productora de los modelos. Escenas desde las cuales el sujeto familiar accederá al ser social y por esta manera de comenzar a vivir como sujeto humano limitará toda su experiencia.

Estructura reproductora de la especie humana donde la mujer no existe sino como función (Madre) para imponer en lo que nace humano (semejante pero no igual) una ley que desconoce y que no dictó.

Ya que fue la incalculable voz de su madre (ciega) quien le habló de su padre (ya muerto) que cuando habló, habló por la boca de su propia madre (también ciega).

Como vemos, un concierto de sirenas en plena noche. Una cadena al parecer interminable que nos tiene atados, por humanos, a la misma.

Ella podrá en nosotros lo que con él no pudo. Ella podrá en nosotros lo mismo que su madre pudo en ella.

El famoso Nombre del Padre, como vemos, es, en realidad, el nombre de la madre.

El padre no existe. Estuvo por ley, desde el principio, muerto.

Y siguiendo de cerca a las disciplinas que pretenden una luz sobre semejante oscuridad, diremos que existen formas precarias para ser un hombre; formas varias (dentro de cierta armonía) y perfectas para ser madre. Pero cuando ella, mujer, quiere ser su propio sexo, el atributo que las ciencias modernas le conceden es que acceda a su ser femenino intercambiando lo que en ella es ausencia por un hijo, así de «simple», con su padre que para colmo yace muerto.

El cuerpo de la mujer desaparece en esa paradoja y se transforma en máquina, familia.

Un día, de pequeño, Ella me dio algo sin pedirme nada a cambio y en esa escena se generó el símbolo. Y el símbolo no es el viento que corre sino el recuerdo permanente de aquello que no hubo en el primer movimiento. Y por haber faltado a la primera cita no podrá ser ninguno de los términos del intercambio, ni siquiera Ella misma sino más bien, por su pureza, la razón de dichos intercambios. La Familia, entonces, está capacitada por estructura a que se produzcan en ella transformaciones en todos sus elementos y sus relaciones entre sí frente al movimiento, por mínimo que sea, de cualquiera de sus elementos constitutivos. Para reproducir o producir en sus transformaciones y ahora por sexual (entiendo que no por sexual deja de ser social) goce, mercancías, ideología, hijos.

El goce no necesita para su producción de ninguna formación especial y la producción de mercancías, más allá de cualquier relación entre un hombre y una mujer, depende de la relación entre fuerza de trabajo y medios de producción. Tenemos entonces que la familia así creada es una máquina reproductora de hijos (estructura que hasta que no se demuestre lo contrario, tiene como función reproducir, conservar y cuidar la especie humana) y por esa brecha que deja lo biológico, máquina al fin, reproduce ideología.

Y parece ser que en las sociedades judeo-cristianas el modelo primordial, mítico, es aquel primer hombre, aquella primera mujer que Dios Padre creó y ahora en su nombre, es decir, en el Nombre del Padre para que, a su vez, poblaran el mundo.

Y si nos permitimos, podríamos leer en esa construcción delirante del comienzo de lo humano, las marcas, casi indelebles, de nuestra miseria actual.

Un Dios que al no nacer por ser eterno niega las diferencias sexuales entre hombres y mujeres y por lo tanto su propia posibilidad de ser humano, es decir, nacer distinto pero semejante, de madre y padre, humano.

Un Dios que después de tener un «hijo», Adán (un hijo sin madre), para poder ser él, Dios, padre y madre también de lo que ahora sería su gran creación: el hombre masculino. Y es aquí donde reniega, es decir, niega por segunda vez las diferencias sexuales.

Y un Dios que reniega las diferencias sexuales entre los pequeños hombres femeninos y los pequeños hombres masculinos, existe, pero como habíamos dicho anteriormente, en condiciones lamentables. Es, se quiera o no, un dios perverso.

Vayamos imaginando, ahora, el destino que espera a la mujer en este sistema así creado. Ya que Eva, la mujer de la historia, accede a la vida no desde la carne de Ella ni de la tierra sino en el intercambio de las relaciones homosexuales (y pido perdón por la palabra) entre Dios-padre y Adán-hombre, por lo tanto nace como producto efecto del trabajo humano (entre dos hombres masculinos).

Ella no es, de otra manera, humana como todos, es decir, distinta pero también y simultáneamente semejante, sino que ella es directamente distinta. Más allá de lo natural, más allá de lo humano propiamente dicho, nace cultura y, por lo tanto, puede intercambiarse. Ella es una riqueza en sí misma. Por ser cultura es valor y se puede tener o no tener, como los significantes, como las mercancías que a la larga de estos sistemas de vida, siempre terminan perteneciendo a una persona en el mismo momento que le son privadas a otras.

Intento ahora despejar mi mente y, por qué no decirlo, también la vuestra.

Intento saber no sólo los misterios del hombre en general sino también de los misterios de mi propia mente y en ese saber incluir los misterios de vuestra propia mente.

Y no es que en este momento me interese saber cuál será el destino del hombre o bien el destino de mi mente sino más bien, y lo digo sencillamente, hoy me gustaría hablar acerca del origen del hombre y acerca del origen de mi propia mente. Quiero decir que en estos niveles mi ignorancia es verdaderamente grandiosa.

Ya que el origen del hombre que debo llevar grabado en el origen de mi mente será, sin duda, aquél que mi padre no sólo reconocía como verdadero sino que me transmitió como verdadero.

Y así fue que en los cálidos brazos de mi madre y entre su respiración siempre entrecortada, por mi cercanía, aprendí que Dios es eterno y su reino son los cielos, también eternos.

Sin ningún motivo aparente, creó la tierra y el agua y los seres vivientes que habitan la tierra y el agua. Y hasta aquí, podríamos decir que esto hubiese bastado para entretenerse y sin embargo tomando un trozo de barro entre sus manos (y como vemos en el avance del relato Dios termina teniendo —y esto ocurre en cualquier relato— alguna forma antropomórfica. Y el hombre hasta en su desvarío religioso nos vuelve a repetir que más allá del hombre sólo podemos encontrar otro hombre) y generando con ese gesto de sus manos las leyes de la expresión plástica, construyó un pequeño hombrecito de barro (de sexo masculino) y con un soplo vital tuvo también sobre su tierra un hombre. Un hombre masculino como él que era Dios Padre.

Y si hasta aquí los puntos oscuros de la historia se superan con un poco de fe, acerca de la creación de la mujer, que no fue siquiera creación, la fe no alcanza. Ya que no es de la nada desde donde la hace nacer sino, extrañamente, del propio cuerpo de Adán, de lo que se desprende y no se sabe bien por qué motivo, Dios quiso que Adán antes de ser el hombre para Eva fuera precisamente la madre para Eva. Pensamos que en esta ceremonia no faltó, y pensamos que precisamente ello la hizo posible, el soplo divino que ahora no ya sobre el barro y como una especie de semen simbólico (masculino) que genera el contacto con un trozo de carne (masculina) una mujer, Eva, que como vemos es producto de la relación entre dos hombres. Quiero decir, y no sé si es interesante decirlo, que si Dios hubiese tomado otro trozo de barro para crear a Eva en lugar de la costilla de Adán, puedo asegurar que la historia de la civilización judeo-cristiana hubiese sido otra.

Con el intento de poder seguir conversando doy por verdadero el mito hasta aquí. Y creo que un Dios todopoderoso y eterno que vivía en los cielos, también eternos, decidió por el aburrimiento que genera en todos los casos la eternidad (sobre todo cuando esa eternidad no tiene el rango de escritura), crear la tierra y sus habitantes (los reinos animal, vegetal y también mineral. Reino este último que no se considera viviente —por lo menos para el común de la gente— en boca de una biología que si no acallamos urgentemente, nos terminará diciendo que la materia viviente es sólo aquella que mediante sucesivas transformaciones pueda llegar a ser materia divina). Y ese dios, único, eterno y ambicioso quiso también crear la cultura y sus habitantes (el verbo, el hombre).

Pero es precisamente aquí donde este dios comete su primer error ya que por eterno negaba y por único renegaba de las diferencias sexuales, es decir, las desconocía y como entendemos desde nuestro saber actual, sin ese recono-cimiento es absolutamente imposible el lenguaje, el hombre.

Me imagino en ese dios una única ilusión, en el principio del principio, poblar ahora su mundo así creado de palabras, de hombres.

Y, sin embargo, y precisamente por renegar ser hombre humano (distinto sí, pero también semejante) la familia así creada como mito de origen del hombre padecerá graves límites en lo que debería ser precisamente su única función: poblar el mundo de hombres, reproducir la especie, llenar el universo (y no sólo la tierra) de palabras.

Y descartando a dios por sublime quedaron sobre la tierra para poblarla Adán y Eva y sus dos hijos varones, Abel y Caín. En definitiva, tres hombres y una mujer.

Donde esa mujer no tendrá ningún otro tiempo que el de ser madre y los tres hombres demasiado tiempo libre para la homosexualidad, el trabajo y la guerra. Y después de haber cometido este descomunal error todo se desvía y es así como el bien, representado por Abel, muere en manos del mal, representado por Caín; y ahora el delirio final, donde la condena del propio dios a Caín por haber matado a su hermano (vivir eternamente como hombre, sin morir, sin alcanzar nunca lo divino) y como vemos más que una condena por algo (asesinar) que se consideraba malo, en esta condena la palabra divina impone una ley moral que aunque a simple vista parezca todo lo contrario, determina que lo propiamente humano sea lo malo y que por haber muerto en manos de lo malo sobre la tierra, lo bueno sea lo divino. Y dando un paso más podríamos decir que en este movimiento se genera un deseo que aunque no parezca humano, acontece en el hombre donde el hombre, nuestros asesinos actuales, matan para no morir.

Como vemos, la idea de Dios no sólo trae los beneficios de poder hacer divino todo lo que no comprenda la razón humana sino que también trae como consecuencia dar cuenta mediante una fe tal que el ser se agote en ella, de los desvíos que semejante principio impone a la historia del hombre. Historia que, afinando un poco nuestra puntería y en la sociedad que me cobija como semejante, es por ahora la historia del dios judeo-cristiano.

Esperamos que algún día el hombre pueda escribir la historia del hombre.

Ya que todavía, y eso que corren los tiempos que corren, tres parecen ser solamente los destinos del hombre según el nivel de su renuncia: si fracasa en el sexo, es decir en sus relaciones familiares, irá al manicomio. Si fracasa en el dinero, es decir en sus relaciones sociales, irá a la cárcel. Y, por último, si fracasa en el encuentro con la idea de dios, reproducirá en todo lo que toque, esa idea. Y así podríamos decir que todo lo escrito, amado, pintado, labrado, odiado, ejecutado, en fin, todo lo posible de ser producido por el hombre se produjo en un diálogo con dios.

Por lo tanto, el hombre todavía no conoce los efectos de una conversación con otro hombre y menos aún conoce los efectos de aquello que por creer una explosión cósmica tanto tememos, quiero decir, una conversación entre un pequeño hombre masculino y un pequeño hombre femenino.

Mientras escribo me voy hundiendo lentamente y también inexorablemente entre los antifaces, entre las máscaras. Piel sobre piel, yo pienso, me terminarán sepultando.

Un hombre debe quedarse tranquilo, en su casa, para ser lo que debe ser. Si no, claro está, será otra cosa. Y en esa otra cosa, fuera ya de lo que debe ser, se le quitará la casa y la tranquilidad y a veces y aunque ni yo mismo pueda creerlo, se le quitará también su propio hombre.

Y ahora tendrás esta mujer y entrarás en su sacrosanto cuerpo no por divino sino por único y ahí precisamente su divinidad, al atardecer y al amanecer. Y serás el hombre que trabajará y hará la guerra para mantener este mito imposible y entonces serás respetado como hombre y tu "mujer" será respetada como madre de tus hijos que a su vez, si tú sigues trabajando todavía, serán respetados como hombres. Y como rescate por tanto respeto el pago será: no acceder a la heterosexualidad.

Pero si tu deseo de dios no es infinito, Ella no será la única fuente de tu placer y entonces otros cuerpos, otras palabras que las mías en Ella llenarán tu vida de nuevas ilusiones y libre serás condenado a no saber si alguna vez podrás tener una mujer y tener un hijo será en todos los casos insospechadamente dificultoso y, con el tiempo, si persistes en luchar por un mundo que no tenga la armonía de lo divino, se te quitará el dinero y el sexo y si todavía persistes, morirás en el hospicio o en el hospital, reventarás tus malos instintos entre las cuatro paredes de una celda o bien se te condenará, por último, a escribir un libro de cien, doscientas, tres mil páginas y serás eso.

Una familia humana, y lo digo aunque sé que será difícil conseguirlo, tendrá que tener (está claro) hombres y mujeres pero en proporciones tales como para que la ley que se desprenda de esas proporciones permita una libertad sexual para la mujer y una libertad de procreación para el hombre.

Funciones que en libertad no sólo serían más adecuadas a las posibilidades (si ustedes quieren, casi biológicas) de ambos (ya que tener hijos es fácil para el hombre y tener goce es fácil para la mujer) sino, también, funciones que en su intercambio además de reproducir hijos e ideología producirán goce, es decir, nuevos sentidos a lo dado.

Y ahí donde lo biológico (como animal) transforma en metáfora su contenido y desea (como humano) impone a la reproducción el límite de la creación de un nuevo sentido y este límite perturba definitivamente la transmisión de ideología. Digo que al llegar a este punto estaríamos en condiciones de cambiar.

Y, sin embargo, estamos en condiciones de pensar que la familia como estructura sexual nos brinda una sexualidad familiar, con límites precisos, con invariantes sistémicas y variables que, si bien en sus transformaciones implican las modificaciones de todos los elementos del sistema y sus relaciones entre sí, nunca implican la modificación del sistema como tal.

Decimos que si persistimos en ver a la familia como una estructura sexual, padecerá de los efectos de ley de esa estructura y sus patrones. Lo que no es como yo misma, dice toda estructura, traiciona. Y para no ser traidor en la estructura familiar sólo se podrá ser:

Normal, Neurótico, Perverso o Psicótico. Y ahí los límites, cuatro figuras alejadas del hombre es lo que el hombre puede ser en la estructura familiar.

Una ley y sus posibles relaciones con esa ley:

O soy neurótico, es decir, ella misma y cargo con su responsabilidad.

O soy psicótico, es decir, ella no existe y no accedo a la responsabilidad.

O soy perverso, ella existe, pero muere y sobre su propia muerte nazco irresponsable.

O por fin soy un hombre normal, transcurro como naturaleza, crezco según el ritmo de las edades y por el brutal sometimiento, se me permiten ciertas transgresiones de ciertas leyes y no se me castiga por ello. Paso a formar parte de los poderosos, tengo la ilusión de ser el dueño del sistema, soy, entonces, una persona normal, como mi madre, reproduzco ideología.

Como vemos, en dicha estructura queda poco espacio, casi nada, para que nazca un pequeño hombre femenino o un pequeño hombre masculino.

La heterosexualidad, por ahora, sólo una sugerencia del lenguaje de ninguna manera, por ahora, posible.

Delicadamente vuelo por los perfumes de mi infancia, veo a mi madre, cálida presencia petrificada en su propia mirada, embalsamada entre mis brazos, dictándome, con su sonrisa labrada en bronces y jazmines, leyes incomprensibles para mi corta edad y abre sus brazos y su pecho se abre como una paloma partida por el viento y caigo, en esa herida, para morir.

Quisiera, y antes de proseguir en un breve paréntesis, decir que la palabra estructura se me aparece opaca como concepto ya que no sé muy bien si da cuenta de los mecanismos familiares o bien se trata del aparato represivo del que la familia dispone para el cuidado de sus formas, para vivir eterna. Palabras como verdadero o falso, niveles de profundidad y de superficialidad, la seriedad del investigador o la falta de ella en él hablan a las claras de pensamientos que, más allá del bien y del mal, pierden sus estribos. Y ahora, fuera de sí, son capaces de ver (ya que el mal reside en la mirada) tanto en una tribu primitiva y americana, como en un apartamento céntrico, una máquina reproductora donde las características fundamentales son:

Una mujer que ofrece en todos los casos su cuerpo para las ceremonias y un hombre que más allá de su grandeza o de su miseria, cada vez que está enfrentado a Ella, tiene que ver con el nombre con el que se nombra las cosas.

Y para colmo, una sola verdad.

La ley perdurando a través de todos los tiempos, a través de todos los espacios. Ley que se nos muestra con las infinitas caras de la sabiduría. Se corporiza en sus efectos. En su nombre se dan recompensas y castigos. Es justa.

Soberana de mí. Fuera de mí. Persiste.

Es Dios, símbolo entre símbolos, nunca fue carne, ni pasión, estuvo siempre muerta.

El Edipo, entonces, cuento con el que se trata de sugerir que la familia como estructura sexual padece los efectos de una ley precisa que legisla y determina sus desarrollos y sus posibles eventualidades.

Ley que pide para su cumplimiento no sólo la prohibición sobre persona o cosa o partes de persona o cosa, sino el deseo de transgredir y su renuncia. Desear, dice la ley, desea todo el mundo de la misma manera, las diferencias de efectos quedan marcadas en los modelos de renuncia.

El niño nace, escandalosa placa sensible y totipotente, capaz de registrar la mínima diferencia de sentido, las más grandes imposiciones, los más grandes desvíos. Ameba desconcertada por el cambio de medio, crece aceleradamente, ameba voraz, capaz de comerse el universo. Debe ser detenido a cualquier precio su crecimiento o por lo menos a cualquier precio encaminar dicho crecimiento en el sentido de un debe ser "humano".

Donde su necesidad por ser necesidad animal será saciada. Y su deseo por ser deseo humano será reprimido.

Cantemos y también lloremos, porque el hijo de Dios está a punto de morir. Se separa definitivamente la carne del espíritu.

Morir para ascender entre vapores de locura hasta el símbolo: Su propio padre, muerto antes que él y también simultáneamente, víctima del mismo mecanismo.

Inalcanzable. Nombre del nombre de las cosas.

Y ahora que ya no tiene cuerpo deberá embarazar a una mujer mediante lo que medie. Y el hombre será a partir de ahora siempre un otro del otro y siempre en distintas direcciones.

Por esta senda, su amor y su deseo son inconciliables. Y esto, antes que a mí, antes que a ustedes, le pasó a Jesucristo que, como sabemos, su familia (palabra ésta que ha suscitado nuestro encuentro) es el ejemplo más nítido, más alto, más elocuente de nuestra organización familiar actual.

Una madre, María Virgen, que jamás accederá a la carne.

Otra madre, María Magdalena, que jamás accederá al espíritu.

Un padre, Dios, que jamás accederá a la carne.

Otro padre, José, que jamás accederá al espíritu.

Una madre, María Virgen, que jamás accederá a su ser femenino ya que si bien está destinada a la reproducción de la especie (madre de Jesús) tiene como todas las vírgenes montado sobre el principio de realidad, el principio de placer. Y esto sólo es un polo de su síntoma ya que toda vez que se trate de la genitalidad, no gozará. Podemos ahora imaginarnos, si ustedes me permiten, aquella noche inolvidable, noche mítica por excelencia, donde Ella hace el amor con él (espantapájaro sensible) para que de su cuerpo sin solución de continuidad (niño o Dios) se desprendiera el producto de aquella unión deforme, producto desvariado e incompleto que para sobrevivir como semejante, humano, debe entregar su vida a otro para no morir. El pobre Padre Real, el pobre carpintero José, ya que Dios, el Padre Simbólico, se le aparecía a ella y conversaba sólo con ella porque ella, como mujer, era la que debía transmitir su mensaje (que por ser un mensaje de él en ella, podemos decir llanamente, reproducción de ideología). Y no se le aparecía ni conversaba con José porque José sólo tendría que ser carne sin espíritu, fetiche, máscara de varón cuyo único sortilegio fue proclamar para las familias cristianas que, a pesar de todo, los hijos nacerían mediante la práctica de la heterosexualidad.

Y Ella, María, Virgen y Madre, tenía esa noche una doble función, por un lado ser la madre del niño y por otro lado permanecer virgen.

Espléndida, desnuda pero petrificada, hermosa como nunca, con los ojos y con los dientes entre apretados y al borde siempre de algún llanto o alguna risa cristalina.

Inmóvil, como tocada por un dardo envenenado, detiene por un instante su corazón, por un instante se detiene el deseo sobre la tierra y Ella muerta por un instante concibe, ahora, ya sin inconveniente alguno, en su propio vientre, el fruto que por mandato divino, Orden Simbólico, por Ley y por Padre, reside en ella como palabra de su propia madre.

Crucificado desde el principio entre dos madres que es una madre, vivirá con una mujer partida en dos en su corazón y nunca más podrá juntar su amor con su deseo.

Su madre es virgen y también es su madre. Este doble registro de su madre como virgen y también como puta, es insostenible para el pequeño niño cuando estos dos sentimientos tan dispares entre sí hasta ser opuestos, se registran en el niño de manera simultánea. La disociación impuesta no sólo separa en el niño las representaciones y sus afectos consecuentes:

—El amor por María Virgen, en posición pregenital, quiero decir, previa al reconocimiento de las diferencias entre hombre y mujer. Y como síntoma, el mismo que su madre, anestesia genital.

—El odio celoso por María Puta, en posición genital deseante, después del reconocimiento que él como hombre sólo era posible por la unión de un hombre y una mujer y que él, precisamente, no había sido ese hombre, sino que también para que la disociación tenga carácter de eterna, exalta el amor y la anestesia genital y reprime el odio y el deseo.

Y a partir de ahora, en el propio corazón del niño, habrá dos mujeres:

—La mujer del amor, es real y no goza y cumple funciones reproductoras.

—La mujer del deseo, destinada para el goce, es irreal, fantástica, inconsciente y por lo tanto no cumple funciones reproductoras.

El delirio paranoico reivindicativo que con los años se va instalando en él, tendrá que ver no con la redención de la humanidad sino con la redención de su propia madre. La aparición de María Magdalena es la escena donde él recupera toda esta historia vivida por él, pero censurada, siente por primera vez y con esa mujer (el espacio de su madre reprimido) restos carnales y unos pasos más adelante es crucificado para morir al tercer día y ascender entre vapores de locura, hasta el símbolo. Y el padre real no existe ya que al final queda solo en la tierra y este quedarse solo al final ya se sabe desde el comienzo de la historia. Y ella una tarde surcará el espacio para ir a sentarse, ella también, cerca de Dios padre, es decir, su padre que es, como ya explicamos, con quien verdaderamente tiene ese niño que en todos los casos sufrirá sobre su propio cuerpo alguna calamidad: o será castrado o será ciego o morirá en la cruz o se dejará matar por sus hermanos o será un asesino o por fin dejará de existir siendo un padre real (un obrero, un burgués, un intelectual) y éstos son los pobres destinos para un niño que nace en una familia cristiana, como se dice, donde queda claramente demostrado que en todos los casos los niños que nacen en ella son productos de la consumación inconsciente del incesto. Las marcas en el cuerpo del hombre son el rescate que todo hombre paga no por sus transgresiones, sino por lo que ya su madre trasgredió con su propio padre Dios.

Y si una suerte de pesimismo puede llegar a recorrer nuestras entrañas frente a semejante panorama, ya que en las construcciones propuestas puede haber error y casi seguramente serán incompletas, se deja ver en las mallas de esa incompletud un dejo de eternidad, ilusión que se sufre frente a esos modelos por la presión y la fortaleza de la que disponen para repetirse durante siglos.

Os diré que la eternidad es siempre una ilusión de completud vedada como realización para el hombre aún en su propia muerte y que es la estructura sexual de la familia, como ya hemos visto, una estructura histórica, por lo tanto modificable, quiero decir revolucionable no ya como efecto producto histórico sino más bien como instrumento de transformación histórica. Y como sabemos todo instrumento (y seguimos hablando de lo humano) se modifica a su vez con lo que transforma.

La familia actual es, pues, sólo un paso para el hombre y no como se cree su destino.

Y si proponemos la teoría del inconsciente y la teoría del valor y el nexo de la poesía para que ambos métodos (que son de interpretación y construcción) no pierdan su fortaleza en la repetición, la poesía, decimos, para que cada vez, en contacto con lo que se transforma en su aplicación genere cada vez, un nuevo sentido en sus propias entrañas para que no haya pereza, enmohecimiento.

Y ya sé que decir que dos ciencias y la loca poesía pueden con la vida del hombre, que ya casi ni el hombre mismo puede, también parece un sueño.

Y, sin embargo, más allá de los aportes acerca del tiempo del hombre que nos pueda brindar con el correr del "tiempo" la tan mal comprendida por ahora teoría de la relatividad, son la teoría del Valor, por un lado, mostrando la ceguera del ser social y la teoría del inconsciente, mostrando la ceguera del ser del lenguaje, dos determinaciones que si bien incompletas, no por eso menos científicas o mejor dicho, científicas precisamente en su incompletud, en su movimiento, en su transformación y por eso, pensamos, capaces de dar cuenta de las poderosas ideologías que frente a la determinación inconsciente proponen la coartada de un yo consciente y voluntarioso capaz de decidir por sí mismo, desde donde el sujeto del inconsciente creerá imaginariamente (ideológicamente) que su yo es el centro de su persona y que frente a la determinación de las relaciones sociales, ocupe la posición que ocupe en el sistema, el sujeto social padecerá de no ver, precisamente, lo que lo determina y ofrecerá como coartada a esta ceguera la ilusión como persona "humana" no sólo de participar en la elección de su posición social sino también le hará creer como persona (sea la persona que sea) que él y su oponente (sea el oponente que sea) alternativamente, una vez su oponente, otra vez él (que ya le tocará) ocuparán alternativamente el centro del sistema.

Ideología va, ideología viene. Y estos vaivenes de pasiones siempre iguales a sí mismas nos terminarán matando y por eso la insistencia en que sólo un saber científico (y será científico sólo por eso) podrá dar cuenta de un saber ideológico y por lo tanto transformarlo y precisamente allí en su contenido, ya que todo contenido de los modelos ideológicos son contenidos humanos, por lo tanto transformables.

Y antes de cerrar este sentido, diré todavía que las disciplinas nombradas, en su desarrollo teórico-práctico (entiendo por práctica los modos de apropiación de lo real) no sólo proponen sus propias modificaciones metodológicas cada vez que lo requiera cualquier obstáculo que surja en cualquiera de los polos que determinan sus movimientos, sea del objeto del conocimiento, sea del objeto real a conocer sino que, también, proponen una modificación, una verdadera subversión, por su modo de ser ciencias, del modelo filosófico de la producción de conocimientos científicos. No ya más causas produciendo a su antojo y semejanza los efectos que en todos los casos preexistían en ellas sino más bien casi un encuentro apasionado con la cosa misma, es decir, los productos finales para la circulación de las estructuras en cuestión (en el caso del valor, la mercancía, en el caso del inconsciente, el habla). Es decir, se parte de los efectos concretos y se reconstruye, para decirlo de alguna manera, a la inversa, el camino del trabajo productivo y se construyen las causas y las leyes de producción de dichos efectos.

La razón, más que patas para arriba, queda en el encuentro con estas dos ciencias, yo diría despanzurrada, hecha fragmentos.

Y he aquí que el reino de la locura (producto de la estructura familiar cristiana) como el reino de la pobreza (producto de la estructura social capitalista) son, se quiera o no, la última defensa de un sistema de ideas que ya se desmoronó en los libros.

La realidad, si nuestra acción es transformadora, tarde o temprano ocurre.

Y todavía, antes de terminar, quiero decir que si bien me hago responsable de todos los desvíos (tanto de las conversaciones mantenidas como de los textos leídos) porque "yo" tuve como función hacer escritura, es decir, dar su materialidad a todo ese trabajo humano realizado, no puedo, aunque quisiera, hacerme responsable de las dimensiones en el contenido de los desvíos, ya que esas dimensiones y ahora lo digo claramente, no hubiesen podido producirse sin el trabajo grupal previo al momento de la escritura.

Y, sin embargo, hay todavía algo en mí que me lleva por instantes (y un instante también es toda la vida) a sentirme el único responsable de todo lo escrito y hasta darme lamentables excusas que hagan por un instante (y un instante puede ser toda la vida) razonable ese estúpido sentimiento que me acerca a dios y no sólo por sentirme el único responsable sino, y más todavía, por fantasías no resueltas acerca de la perdurabilidad de lo escrito.

Sentimientos (no por vergonzosos menos importantes en la articulación de lo que será, por lo que soy de ser, mi vida) que no mencionan claramente la lucidez que a veces me acompaña. Una especie de lucidez afectiva porque no se trata de ninguna lucidez capaz de entrar en lo más profundo de los misterios humanos sino más bien en la misma superficie que vi ayer, hoy siento otra cosa. Y si siento una cosa que nunca sentí y si anonadado por ese sentimiento inesperado pronuncio una palabra que nunca pronuncié, quiere decir entonces que lo dado es inmutable (y ya hablaremos en otra oportunidad de ello) no eran los sentimientos.

El odio puede mitigarse, las guerras pueden no ser a muerte.

En cuanto a la voluptuosidad de poder, en lugar de esperar que se desvanezca con los años debemos estropearle su danza antes del final (que en todos los casos es la muerte) concibiendo relaciones heterosexuales posibles entre hombres y mujeres, entre pueblos, entre naciones, entre lenguas. Y si se entiende, y no sé ahora si para que se entienda o para que podamos comenzar juntos la desorganización de un sentido dado, unas relaciones tales que conciban dentro de sus límites y como sexualidad humana las relaciones heterosexuales de los pequeños hombres-mujeres terrestres con el resto de los habitantes del universo.

Y no dejo de saber que un extranjero es también, en todos los casos, un ser del espacio celeste. En una ciudad desconocida un extranjero es, también, un extraterrestre. Un extraño a todo, un hombre, pero fuera de lugar ya que no sólo ignora nuestros gustos actuales sino que, peor aún, desconoce la historia del largo peregrinaje emprendido hace miles de años hasta llegar aquí.

Y estoy casi seguro que seríamos capaces (y también yo) de designar a un ladronzuelo o tal vez a una puta para que puedan decirle (a ese otro humano, pero diferente) sin saber lo que dicen:

—Si no has puesto nada en esta tierra, no te pertenece.

Como si la tierra humana fuera la tierra donde vivo o bien como si la tierra que no ven mis ojos no fuera tierra humana, donde otros humanos como nosotros mismos, que seguimos sin poder reconocer como distintos pero semejantes, hubieron, también ellos, de realizar el largo peregrinaje durante miles de años para ser hombre como nosotros.

Y, sin embargo, todavía no puedo reconocerlos semejantes.

Mi tierra sigue siendo la tierra donde vivo, toda mujer sigue siendo mi madre, todo hombre mi padre y lo que no ven mis ojos no existe. Estoy condenado a morir, exactamente, el día de mi muerte sin conocer lo humano, en familia.

# EL VALOR DEL PSICOANÁLISIS

Madrid, 8 de octubre de 1981

Antes de comenzar, quiero decir que esta clase está de más, ya que el pacto era que yo daba la clase inaugural (la que considero dada) y luego tenían que hablar ustedes.

Voy a nombrar al azar —dentro de lo que pueda— algunas palabras. Espero que ustedes puedan encontrarles un sentido: Úlcera, vaginismo, asco y consecuentes náuseas matinales, esofagismo, angustia, impotencia genital, eyaculación precoz, cálculos biliares, granos, gordura, pedos, caca, pus, histeria, fobias y neurosis obsesiva.

Si ustedes no quisieran discutir conmigo aceptarían que eso es de lo que padecen los miembros fundadores de la Escuela de Psicoanálisis Grupo Cero o padecían. Por lo tanto el psicoanálisis actúa de manera convincente sobre ciertas enfermedades transformándolas en otra cosa. Por ejemplo, un conjunto de personas nerviosas que tendría que estar ocupando las salas de los hospitales, han fundado una escuela de psicoanálisis.

Esta clase se podría llamar: El valor del psicoanálisis.

Imaginamos que con estas palabras no se nos hace tanto haber dicho —en uno de los escritos que presentaremos a la realidad—

que la práctica psicoanalítica oscilaba en nosotros entre 0 y 15 años. Porque se dan cuenta que cuanto menos psicoanálisis, más de esas enfermedades que deben impedir que un psicoanalista escuche lo que un otro le dice.

El psicoanálisis cura la sordera y la ceguera. El otro día entró a mi consultorio una persona que me conoce hace 15 años y me dijo «¿Pusiste cortinas?» Yo tengo cortinas en mi consultorio desde que nací. El psicoanálisis cura la ceguera.

¿Por qué el grupo quería que ella llegara tarde? ¿Para interrumpir la maravillosa clase inaugural que yo estaba dando? Se ríen porque no se dan cuenta que era una clase maravillosa.

¿Tú no fuiste al psicoanálisis por ninguna enfermedad? ¿Taquicardia, mareos, náuseas, virginidad? Tenemos un caso de enfermedad nerviosa pura.

No sé si el camino que tienen que elegir es el de la brillantez, cada uno se tendría que poner un límite tal, que alcanzarlo no le cueste la muerte.

Previendo que una vez vencida la resistencia de ustedes a que yo enmudezca, voy a querer hablar de dos temas: el inconsciente y la transferencia, espero que sean lo suficientemente sagaces para crear un espacio diferente a éste, para que pueda hablar.

El modo en que yo elegí que dos candidatos dieran las primeras clases, no es un buen modo de elegir, ya que son dos personas que estaban estudiando esos temas antes. A veces es bueno que el que esté trabajando un tema lo exponga, pero también es bueno que alguien estudie otro tema alguna vez en su vida. Que tenga la posibilidad de volver a sentir que no sabe, que va a temblar su voz.

Si no aprenden rápido que el psicoanalista tiene que poder tener la capacidad de vivir ese otro mundo que le propone el descubrimiento del inconsciente, no podrán ser de una Escuela de Psicoanálisis porque transmitirían otra cosa, no podrán transmitir el concepto de inconsciente. Tendrán que poder llegar a abolir la razón, no para volverse tontamente locos. Ustedes son psicoanalistas que se supone están psicoanalizados como para crear un campo de pensamiento donde lo razonable no tenga que ver con lo verdadero y lo verdadero no tenga porqué ser lo real. Lacan murió, lo que hizo Lacan ya lo hizo, ahora hay que hacer otra cosa. Quiero decir que se tiene que entender lo que decimos. Es interesante darse cuenta que en el colegio de médicos no hay ninguno de nuestros psicoanalistas (digo, el conjunto de psicoanalistas de las sociedades) que se haya colegiado como psicoanalista, no han querido ser eso, se colegian como especializados en psiquiatría. Debemos suponer que no debe ser en vano tanta resistencia.

En la última reunión de dirección nadie quería que la Escuela tuviera más de 20 alumnos. Es decir, que nadie quería dejar de controlar el proceso que había comenzado a fundar. Como se suponía que el número era de 20 se podía controlar, en tanto estábamos haciendo una pequeña demostración en el grupo de los jueves, se intentaba controlar el proceso que se ayudaba a crear desde su comienzo. Se lo quería hacer humano, no grupal. Se inhibía con una concepción individual humanista. Se controlaba lo que se suponía una explosión del conjunto que era más que el conjunto por estar unido de una manera particular. Hay que aprender a decir que sí y hay que aprender a decir que no. A mí no me importa si ustedes soportan 2 pacientes cada uno y 20 alumnos. Aprenderán a decir que sí.

No salen los nombres en el cuadernillo porque ustedes no se animaron a ponerse límites. Sabemos (porque somos una Escuela de Psicoanálisis) que el que no tiene límites lo único que ambiciona es ser estrangulado por los cariñosos y armoniosos brazos de la madre.

Con su palabra cada uno hace lo que quiere. El que tiene gastritis la utilizará como alcalino para disminuir la acidez estomacal. Cada uno hace lo que puede con su enfermedad, que normalmente es lo que quiere. Por eso hay que dudar de lo que uno quiere porque quiere lo que puede y puede lo que deseó su madre y hace muchos años atrás porque ni siquiera era el deseo de su madre.

Puntadas al corazón, espasmos anales dolorosos, tos convulsa nocturna, eyaculación dolorosa, menstruación dolorosa, menstruación cada 15 días o cada 4 meses simulando embarazos, simulando tumores. Esto también lo cura el psicoanálisis.

Si ustedes no están decididos a fundar una Escuela de Psicoanálisis como se debe fundar, quiere decir que no están decididos a psicoanalizarse. Lo único que le van a preguntar a una escuela psicoanalítica fundada es por el psicoanálisis de sus integrantes. No le van a preguntar por ningún saber.

—¿Qué podría ser en la realidad la presencia de un tumor en el cuerpo?

Si ustedes me lo preguntan yo diría que un tumor en un grupo puede representar lo que el tumor representa: un cuerpo extraño. Y un cuerpo extraño en un grupo no sólo es un tumor sino también una nueva idea, una nueva concepción, una crítica acerca del funcionamiento. Habría que investigar porqué ese integrante señala el cuerpo extraño en forma de tumor y no en forma de idea. Porqué es más valiente ser capaz de poner su cuerpo al servicio de su protesta y no poner su sujeto, es decir, su discurso, al servicio de su protesta.

Les estoy diciendo que en una Escuela de Psicoanálisis no se pueden esconder los síntomas porque ese es el motivo por el cual las instituciones psicoanalíticas tienen que comenzar a dogmatizar y a transformar en doctrina lo que es descubrimiento. La desviación de la teoría al servicio de la resistencia. Vamos a tener que mostrar nuestros síntomas, nuestros actos fallidos, nuestros errores, para que alguien se anime a interpretarlos. Para que alguien entre nosotros tenga la idea de que una interpretación es un instrumento de transformación de lo real.

La próxima vez que a uno de ustedes le pregunten qué requisitos hay que tener para entrar en la Escuela, no contesten al azar que no nos interesan los títulos sino que, como nuestra manera de medir la capacidad de las personas es diferente a como se mide la capacidad de las personas, no nos interesan los títulos. No es que no esté bien tener un título o haber estudiado alguna disciplina, sino que eso no lo tenemos en cuenta en nuestra evaluación. Ya que la evaluación de la capacidad es psicoanalítica incluye dentro de lo que evalúa la posibilidad del psicoanálisis de transformar la inteligencia al desligarla de los afectos familiares. Por lo tanto, en la evaluación psicoanalítica no sólo se evalúa lo que se ve, sino lo que se ve como posibilidad de transformación en el sujeto.

Si yo me equivoco cuando la elijo a usted como integrante de la Escuela, usted tendrá que hacer el trabajo para que no quede lesionada mi inteligencia. Tendrá que producir de usted alguien que pueda serlo. Y todavía no ha demostrado nada, sólo demostró que yo fui inteligente.

¿Tú me molestas a mí cuando estoy dando la clase? Cuando des la clase tú, algún muchacho o alguna chica que esté enamorada de mí te va a molestar a ti.

No se rían, es así ¿o nadie está enamorado de nadie en este grupo?

Digo que es gente que se reúne para fundar una Escuela de Psicoánalisis o tiene enredos con las personas con las cuales funda o ambiciona tenerlos. No me interesa si los enredos son sociales o sexuales, porque cuando son sexuales no dejan de ser sociales y cuando son sociales no dejan de ser sexuales, aunque nadie los vea, ni siquiera sus propios protagonistas.

He recibido fuertes quejas durante la semana (preferiría que nadie se sienta implicado ya que lo digo porque más de la mitad lo dijo, ya no es secreto). Por ejemplo: Sr. Director, a un psicoanalista hay que ponerle delante de los ojos algo diferente al dinero y al progreso para que estudie y progrese en su estudio como psicoanalista. También me dijeron que el Sr. Director es un hijo de puta. Me parece bien que la Escuela quiera grabar esto ya que todas estas cosas son fundantes, ya que estamos hablando de la verdad. Hablamos de lo que le pasa al pobre Director con esas críticas. A mí no me pasa nada porque estoy decidido a psicoanalizar todo. También están las formas de elogio donde un déspota es: cuánto poder ambiciono en ti que me dominas de esta manera. Y si me dominas de esta manera soy totalmente tuyo, soy parte de este poder, tengo tu poder. Esto es el psicoanálisis, yo decía lo que le va pasando al Director. Éste dice: yo di una idea y nadie se hizo eco de esa idea. Además es un juego de pasiones que me coloca aquí. Yo quiero arriesgar mi parte, quiero ser pasional, puedo presentar mi renuncia, uno de los integrantes puede renunciar o proponer a otro integrante. Digo que no quiero más reuniones de dirección. Ustedes al Director no lo van a ver nunca más, le voy a entregar al coordinador una hoja escrita y él se la va a traer, ustedes harán lo que quieran con eso.

Nada es brutal en mí, ni siquiera sé si eso va a ser así. Sería una buena manera de funcionar, de controlar entre todos la función del Director y a éste le llevaría sólo 20 minutos diarios. No sé si vamos a poder realizar eso porque siento, desde el primer encuentro, pequeños desvíos en todo lo que fuimos pensando. No sé hasta dónde vamos a cumplir lo que vamos pronunciando cumplir.

Los que tuvieron el mal gusto de estar muchos años a mi lado (fue interesante lo que pasó con mi actuación como Director en estos cuatro meses) dudaron acerca de todo mi pensamiento anterior contrario a la institucionalización del saber, a la jerarquización de la función. Se me ocurrió pensar que ellos —a pesar de ser aquéllos que sostenían mi discurso en tanto conversaban conmigo hacía mucho tiempo— estaban actuando en contra de mi inteligencia. Pude notar un pequeño sesgo envidioso. Pude ver a los pilares fundamentales de la Escuela preferir ver caer muerto, derrotado, a su Director, en manos de las argucias del sistema, a suponerlo más inteligente que ellos mismos. Para este mecanismo se prefirió prestar atención a una frase contra mil páginas escritas.

Me animo a interpretar porque hubo tendenciosidad, por lo tanto hubo inconsciente y caímos dentro de la constelación edípica. Nadie es nadie porque todo es aquello, todos somos ciegos y todos somos sordos.

Si fracasan serán todos escritores. Si triunfan también serán todos escritores así que, como triunfar y fracasar tiene tan poco valor, en tanto ustedes tienen que terminar este curso con un escrito que harán si fracasan o si triunfan, espero que no den tanta importancia en su pensamiento a las posibilidades de triunfar o fracasar porque a nosotros nos da lo mismo. Puedo asegurarles que si son un grupo de personas capaces de pensar así, la cultura más loca del hombre premia eso. Por lo tanto van a triunfar, desgraciadamente para ustedes.

Ya que, a pesar de no querer caer en ninguno de los dos polos de la propuesta que hace la cultura, la cultura premia a quien es capaz de no querer caer en ninguno de los dos polos. Les toca triunfar. Pueden empezar a gastar a cuenta del triunfo o pueden ahorrar, no pueden hacer ninguna otra cosa. Evidentemente si gastan a cuenta tendrán una modalidad y si ahorran tendrán otra.

Conjunto de fóbicos, gente que se olvidó que tenía amigos periodistas el día de la inauguración o se acordó horas después. Ese destiempo del fóbico para no estar en la situación que le va a dar miedo. Ese destiempo que a veces los psicoanalistas buscan en el espacio, en el espacio el fóbico parece una persona normal, es decir, que no padece fobia. No es que le interese vivir o no vivir una situación que le da miedo en lo real, sino que estando siempre en otro tiempo no alcanza a vivir la situación de miedo. Si en psicoanálisis se puede decir la palabra más, éste es más fóbico que aquél que no puede cruzar la calle. Puede llegar a ser un fóbico inmortal porque su acompañante fóbico es sí mismo. Escuché una vez a un psicoanalista decir: ambiciono la claridad de un síntoma fóbico. Está claro que no hablaba de esta oscuridad.

No nos va a hacer mal cumplir algunas leyes como llegar temprano, terminar la clase a su hora, trabajar en el grupo operativo como se debe trabajar.

Normalizarse, para quien siempre como ustedes —por la historia que por ahora conozco— gozó de los encantos de la anormalidad, también es una transformación. A pesar de las miradas de odio que acabo de sentir sobre mi cuerpo como si yo fuese el que pronunciara estas palabras.

Tengo la sensación de haber estado corriendo porque me duelen las piernas. Esto debe pasar cuando uno termina de hacer el amor y le duele una parte del cuerpo, quiere decir que no estuvo haciendo el amor, si le duelen las piernas es como si hubiera estado corriendo, si le duelen los brazos estuvo peleando con catorce leñadores. Debe haber algo de esto.

Las clases eran así porque estaba perdiendo mi poder. Durante la semana me dijeron: basta de ortodoxia, basta de teoría estúpida que eso ya lo hicieron. Me dije: Menassa, te sientas y hablas de lo que quieres, lo que tú quieres siempre es bueno porque eres un hombre y el hombre siempre quiere cosas buenas. Menassa, adiós, hasta la próxima.

# POESÍA Y PSICOANÁLISIS

Buenos Aires, 1985

Poesía y Psicoanálisis, una renovada perplejidad ante lo irracional. Una vara de mimbre quebrada por un viento que no fue. Un parece que te encuentro, pero nada.

El primer resultado, por lo menos para Heidegger, fue que el reino de acción de la poesía es el lenguaje. Por lo tanto, la esencia de la poesía debe ser concebida por la esencia del lenguaje. Pero en segundo lugar, nos dice Heidegger, se puso en claro que la poesía, el nombrar que instaura el ser y la esencia de las cosas, no es un decir caprichoso, sino aquél por el que se hace público todo cuanto después hablamos y tratamos en el lenguaje cotidiano. Por lo tanto la poesía no toma el lenguaje como un material ya existente, sino que la poesía misma hace posible el lenguaje. La poesía es el lenguaje primitivo de un pueblo histórico. Al contrario, entonces, es preciso entender la esencia del lenguaje por la esencia de la poesía.

El fundamento de la existencia humana es el diálogo con el propio acontecer del lenguaje (el inconsciente está estructurado como un lenguaje) pero el lenguaje primordial es la poesía como instauración del ser. Algo que sólo será luego, determina cómo tuvo que ser antes.

¡Cuántas veces! me pregunté a mí mismo si era posible el mundo.

¡Cuántas veces! me respondí sonriendo.

¡Cuántas veces! me respondí gritando: mundo altivo y grotesco, te podremos.

En principio, nos aconsejamos tomar distancia de los recuerdos infantiles; conocer el amor, hablar, leer algunos libros, escribir algún verso. Y eso fue todo.

Después, el tiempo nos llevó de la mano, escribiendo, por el camino de la muerte. A los sobrevivientes, más allá de modos y modales, nos otorgó un sexo, una palabra. Somos esas caricias provenientes de las noches más negras. Un incalculable amor en medio del desastre.

Aprendimos rápidamente que sin mencionar a Dios es absolutamente imposible saber de quién es el tiempo. ¿A quién pertenecen las horas? los recuerdos de las horas pasadas, la ilusión de las horas por venir. ¿A quién las horas del amor? los vericuetos del tiempo del amor. ¿A quién pertenecen?

Espero saber acogerme sin vergüenza a mi destino. Viví entre ellos, soy un grupo, varias personas, tengo las palabras de todas las clases sociales posibles en este tiempo. Fui todas las enfermedades. Toda la peste y toda la gloria posible. Soy el más indicado para decir, para empezar a juntar lo que las dictaduras, en su afán de reproducirse, han separado.

Pretendemos una página en blanco permanente. Ese ha de ser nuestro lecho de amor y, también, nuestro campo de guerra.

Y para que a nadie, en principio, se le ocurra pensar sobre lo que es, digo: El hombre es escritura. El resto, sin violencia, ganado taciturno esperando morir en alguna quietud.

Escribiendo, robándole esas horas a la vida, así hemos vivido nuestra vida.

Os invitamos a vivir con nosotros en una página entre palabras combinadas por muchos.

La poderosa muerte unida a los vocablos más sutiles.
El cruel espanto, el dolor más extremo, besados por la luz.
El verso más antiguo bordado en tus cabellos.
Entre palabras, por túneles secretos, hacia lo no sabido.
¿Transmitir el psicoanálisis?
¿Amar definitivamente la poesía?
Sólo después sabré, sólo después sabremos
cuando lo irremediable pregunte por sí mismo
cuando la muerte venga anudada en un punto
cuando el baile sonoro de los días detenga su mirada,
vendrán de nuestra vida los saberes y, ahí,
ya no seremos éstos, sino lo escrito.

No vengo por nadie en especial, vengo por todos. Hablar y amar fue todo mi pasado. París mi prehistoria, donde Lacan y hablar estuvieron de moda. Muerto Lacan porque hablar no era suficiente, nadie podrá pasar, soy el que escribe, el que vertiginosamente se adelanta en las sombras.

Llegamos a decir que toda escritura es producto efecto de haber elaborado una lectura, como dos cosas separadas: se elaboraba una lectura y se producía un escrito. Aquí se nos vuelve a plantear que una vez transformado el tiempo en el cual observo los fenómenos, no puedo abandonar el método propuesto. Es decir, no es que leo, elaboro lectura y ahora tengo la escritura, sino que tengo la escritura y en lo que la escritura no me dice por decir, porque ahí donde me dice algo, me oculta una otra cosa, reconstruyo en ese silencio los supuestos, las ausencias y las preguntas.

Se conversa generalmente acerca de la "imposibilidad", de la dificultad de que el propio sujeto que elaboraba la ciencia o que trabajaba y producía la ciencia o el ensayo o la novela, difícilmente podía, también, hablar con exactitud del proceso de producción de esa ciencia o del proceso de producción de la obra de arte. En el caso de la ciencia, la epistemología; en el caso de las artes, su poética.

En el momento donde la ciencia, en los avatares de su inscripción social se dogmatiza, es en el imaginario universal de la poesía donde, si de casualidad la poesía toca ese campo, lo iluminará más allá del dogma de que se trate.

Lectura como producción también quiere decir que llevemos las cosas hasta sus últimos extremos, es decir, los extremos posibles. Se dice que la mujer está fuera de la dialéctica del falo y de la dialéctica del valor.

Si esto es así, sería ella Otra del Otro inconsciente y del otro de las relaciones sociales, como habíamos dicho de la escritura.

Habíamos dicho que el hombre navegaba sujeto a leyes que, por otro lado, eran inviolables, en tanto la violación de estas leyes terminaba con el sistema sobredeterminante y que estas leyes eran la ley instituida por el falo y la ley instituida por el valor. Que únicamente no le pasaba esto cuando era capaz de producir la escritura.

Tanto esto es así que ya estamos todos de acuerdo (todos son algunas escuelas de psicoanálisis y otras escuelas que no son tanto de psicoanálisis) que la escritura adviene en posición femenina, pero nunca nadie quiso saber cuáles eran las consecuencias de esta frase.

Así, cuando se libera la poesía de las leyes que ella infringe por ser modelos ideológicos, ella es un instrumento de conocimiento, ella es una manera diferente de leer los fenómenos que acontecen en el mundo, en el universo. ¿Esto no querrá decir que si se libera a la mujer de lo que ella infringe por ser, es decir, los modelos ideológicos, la dialéctica fálica, ella también sería una nueva concepción del universo, incluyendo en el universo la realidad y lo real?

Entre esta conferencia y la otra hemos fundado la Primera Internacional de Poesía y Psicoanálisis.

En el poder de fundar, hemos sabido que lo exiliado queda, también, exiliado del hombre. Lo exiliado, por lo tanto, no se puede besar.

Así, nena, que vos me besaste a mí.
Besaste una carne creyendo que besabas un fantasma.

Tu vida, me imagino, habrá quedado comprometida en
movimientos, más allá de tus pequeños deseos sexuales
                                    [infantiles.
Besaste en una carne la historia de otros cuerpos.
Creyendo que besabas un fantasma, besaste la telaraña
                                    [de un poema.


En tu delirio, tocaste la cuerda de algún canto.
El horror, el verdadero horror, permanecer escondida en
                                    [mis versos.
Ser caliente metáfora de metáforas,
una parábola que más que indicar un camino lo
                                    [subvierta.
Y soy americano y soy de América. Mi voz es una voz
                                    [americana.
Mis lujurias, mis locas ambiciones de volar, son
                                    [americanas.
El tiempo no es el ser,
pero el ser no puede ser fuera del tiempo.


Y tiempo es una lengua, una escritura.

Un vuelo de decir sería que así como sin asociación libre no
hay posibilidad de interpretación, sin escritura no hay posibilidad de
transmisión.

La transmisión del psicoanálisis es un acto inherente a la propia producción del inconsciente.

Terminaré diciendo que todos los caminos que llevan a Roma,
llevan a Roma. Sobre todo cuando el que me mira caminar de mí
está en Roma. Sin deseo del psicoanalista no hay psicoanálisis, es
tan verdadero como decir: sin psicoanalista no hay inconsciente. Si
alguien no nos convence que estará en Roma esperándonos, aunque
no lo esté, no llegaremos nunca a Roma.

Develar a nadie lo que será de nadie.

Un existente de lo que no hay, un imposible pone las piezas en movimiento. Un saber que no será sino bajo la regla de no saberlo. Un poder que sólo sostendré si rechazo utilizarlo.

Un deseo de ser de la carencia la cintura del alba. Rozar, rozar, sin tocar nunca y sin detenerse frente a cada fracaso, porque es de eso de lo que se hablará en el diálogo de transmisión: EL FRACASO DEL SER EN SERLO. Ya que todo intento será determinado desde la errancia del deseo. Desear deseos, objetos nunca sidos.

Un ojo que no ve sino los restos que le permite su mirada. Una palabra que mira del Otro pasa en mi interior. Lo esencial de mí, y eso es lo que no sé, pasa fuera de mí.

Las piezas que se ponen en juego disparadas por la carencia son reales, imaginarias y simbólicas, y los discursos posibles hasta este momento de nuestra formación son cuatro: LA MUERTE (el punto, la interpretación), LO SEXUAL (el nada, el desencuentro), LA NO (la insatisfacción, el nuevo decir), EL ESTADO (la universidad, el capitalismo), DIOS (la palabra divina, el amo Absoluto).

Un sujeto supuesto del saber esgrime como bandera su deseo. Un sujeto que supone ese deseo que lo sostiene en su suposición, como saber.

Un saber paradójico que sólo se produce en acto y que al querer determinarlo como ocurrido se desvanece como tal. ¿La repetición, la transferencia, la pulsión, no son acaso muescas de este fracaso: el inconsciente? El ojo no desea sino su propia mirada que lo constituye mirándolo desde el Otro.

Estoy aquí, dice el candidato, porque quiero ser psicoanalista. Y esto inmediatamente, a menos que uno sea indiferente a las cuestiones sociales en desarrollo, plantea una pregunta que, de no contestarla, el candidato (por el simple hecho de haberlo pronunciado) se quedaría sin camino.

¿Quién está cuando estoy? y ¿dónde estoy cuando estoy aquí? Y si esto fuera poco para mantenerme callado, la frase: quiero ser psicoanalista, puede ser simplemente, no una inversión pero sí un deslizamiento: quiero psicoanalizarme ya que usted lo desea.

En esa especularidad: Quiero ser como usted, entero, es su propia imagen lo que se le anticipa como disfraz de la única verdad posible en el diálogo de transmisión. A usted le pasa lo mismo que a mí. Otro nos reúne bajo la faz de no saber. Carencia anterior y futura a todo ser, aun al de la imagen. Así que difícilmente el Falo pueda ser imagen de nada y menos del pene. El Falo, concepto positivo de lo imposible de la apertura al campo del Otro, Uno de la carencia que permite pensar que, justamente, ese otro que no está en el sistema sino como nunca sido, sea causa.

Quiero decir simplemente que si en la primera entrevista quiere serlo, más adelante querrá tenerlo y luego querrá matarme. Al llegar a Roma no sólo no me encontrará, sino que percibirá sólo de sesgo, porque más allá, aún, sólo se puede gozar o morir, que nadie nunca ha estado en Roma. Concluido el psicoanálisis, si es que alguna vez concluye, nadie estará en condición de asegurar que se trate de Roma. Y la conclusión no deja de ser bonita: ROMA NO EXISTE, aunque más allá, aún, tal vez, la encontraría.

En cuerpo, en el goce del Otro, en lo Uno del Amor, en la Muerte. Y nadie conseguirá nada, ya que el Inconsciente freudiano y, por qué no decirlo, el Inconsciente lacaniano aunque sea otro, es Saber no Sabido o Poesía y aquí, la cuestión. Todo lo otro, aun los matemas o los mate-a-mamá, son los intentos desesperados del símbolo de obturar la carencia, única puerta posible para el deseo. Su causa.

El fin del psicoanálisis es su no fin y vamos a ver cómo aceptan esto los fanáticos de la carencia. Ser carente pero tener algún final, aunque más no sea simbólico; una fórmula que reemplace con su imaginería el conocimiento inconsciente que se sostiene sólo si alguien queda en condiciones de poder interpretar el pensamiento. No hay nada que nadie le diga a nadie, sino hay lo que las palabras se dicen entre sí.

Poesía y Psicoanálisis tienen que ver con esa irregularidad que se produce en el ser de la palabra. Creyendo que dice las palabras, nada sabe que es dicho para el otro, por lo que sus palabras pronunciadas se dicen entre ellas.

No es la simple alienación en el Otro en tanto que habla, no son precisamente las palabras del otro, sino lo que las palabras del otro se dicen entre ellas de mí.

Tanto poeta como psicoanalista tienen como función dejar de ser para que en esa fisura de ser nazca lo Otro. No es una hiancia que recuerde algún misterioso vacío, sino que es apertura al campo del Otro. Y esto no se cierra ni se desvanece. Sólo la muerte o el rechazo de la pulsión como tal, anulando las funciones que lo nombran, es decir, cerrando la boca.

# PSICOANÁLISIS Y PSICOSIS

Madrid, julio 1988

*«Algunos delirios en su persistencia, pueden, con el tiempo, transformarse en proyectos sociales.»*

Por haber sido encargado por los organizadores del Congreso a exponer mis ideas sobre el tema Psicoanálisis y Psicosis en la ponencia inaugural, soy el que os dice:

Para el Grupo Cero Madrid, la clínica en psicoanálisis es el tiempo del concepto y teniendo en cuenta que el psicótico padece aunque de manera muy singular la estructuración edípica, la clínica de la psicosis será el tiempo de la teoría de la psicosis y la clínica de la psicosis incluye como tratamiento psicoanalítico, dentro del tiempo transferencial de la cura, a la familia del psicótico y a todas las instituciones en las que se articula.

Es decir, que para traer mi novedad, lo digo rápidamente, para que haya psicoanálisis de la psicosis (de la familia, del estado) tendríamos que contar con una teoría de las ideologías.

Antes del psicoanálisis, antes que el psicoanálisis se ocupara de la locura (más o menos desde 1907) los tratamientos de la misma se dividían en dos: los que maltrataban al paciente psicótico, haciéndole responsable directo y total de sus padecimientos y los que bientrataban al paciente psicótico, haciéndole irresponsable de todos sus padecimientos.

Tanto en una como en otra forma (de manera diversa) el paciente quedaba aislado. Si era culpable, se lo condenaba a la soledad, con lo cual se ahondaba uno de sus problemas (el rechazo primordial de lo Otro). Y si era inocente, se lo acompañaba demasiado, con lo cual se ahondaba otro de sus problemas (no poder discriminarse del Otro como otro).

Debemos decir que es el psicoanálisis el que viene a plantear las cosas de tal manera que no habría tratamiento psicoanalítico de la psicosis antes que el paciente establezca un lazo (de cualquier signo o color) con el que de esa forma habría sido su psicoanalista. Si hay psicoanalista, decimos, aunque sea uno, el loco ya no está solo. Ha comenzado, también, para la locura una conversación.

No hay crueldad más cruel que la locura. Ni hay bondad ni amor que puedan contenerla. Es, sencillamente la palabra, la que tocada por el lazo establecido quitará al psicótico lo que le sobra.

Ya que es precisamente por no faltarle nada, que lo único que se significa en él es el deseo de una madre totipotente y sin fallas, ya que es él, precisamente, el colgajo que la completa.

En el psicótico el Otro no está fuera del cuerpo de su madre, él mismo no está fuera del cuerpo de la madre. En el psicótico hay algo único, completo, inmortal. Es esa unidad, ese paraíso casi sin voz, lo que el psicótico defiende con uñas y dientes y no ha de ser tarea fácil arrancar al psicótico del cuerpo de su madre, porque eso significa, exactamente, arrancar al sujeto de los brazos de la especie y herirlo de tal manera, que por esa herida abierta al inconsciente será sexuado y morirá.

No se trata de la forclusión (rechazo) del tres edípico, que hasta los animales tienen de eso representación, sino de la condición de mortal del ser humano. Aquel vacío que introduce en el sujeto el cuarto como muerte. Esa rajadura que anuncia que todo ha de terminar algún día, eso es lo que el sujeto forcluye (rechaza). No al Otro, porque del lenguaje se sigue tratando, sino la metáfora que al sustituir el deseo de la madre por el nombre del padre o bien la inmortalidad por el goce, desprende al sujeto psíquico de la especie y lo mata.

Y esto tal vez plantee uno de los problemas más importantes en la clínica de la psicosis ya que todo hombre, por más psicoanalista que sea, o que lo pretenda, queda atrapado de una u otra manera en la promesa de la psicosis, que no es otra que la promesa de la inmortalidad que, además, transcurriría en plena libertad.

El psicótico nos propone ser un potro salvaje en plena libertad para siempre y ¿quién no quiere ser un potro salvaje en plena libertad para siempre?

Alguien que pueda contestar, yo soy ese potro salvaje, que no quiero serlo. Tengo plena libertad de hablar pero estoy dispuesto a perderla para escucharlo.

Alguien que pueda decirle al psicótico que no hay nada que dure tanto como las estrellas y, sin embargo, no siempre son las mismas.

Ese ha de ser el psicoanalista de la locura y no vengo a deciros que ha de ser un poeta el que lo consiga, sino la poesía misma (como función poética) al borde mismo de la locura, podrá descifrarla y darle un destino dentro de los destinos de la palabra.

Quiero decir que es como psicoanalista que me presento en el territorio de la locura, ya que no es del saber que no se consume. Lo que parece no consumirse en el territorio de la locura es un psicoanálisis que arrase no sólo la vida del psicoanalista, sino también la vida del paciente. Un psicoanálisis donde el psicoanalista, más allá de su condición de asalariado, no se someta hasta el límite de no poder cumplir ya con la función.

Función que de devenir como tal, tendrá mi deseo en eso, porque sólo el deseo de quien se ocupa de eso, es la función.

Y si eso de ser la función invade eso de no ser nada en mí, mi deseo será social cada vez que le cuadre expresarse. Y cuando digo social, quiero decir que en su expresión no me dará el ser que ambiciono en el movimiento sino, por el contrario, aquel otro ser temido por ser deseo de Otro y que de ustedes ha partido, porque la función no habla, sólo desea. Y sordo es el desear de la función, ya que ella nada desea para sí, sino para la retórica que la crea como tal.

Que los poetas legislen con sus versos la vida de los hombres y que los psicoanalistas interpreten los mecanismos intrínsecos de dicha legislación no son, todavía, pruebas suficientes para que sigamos recluyendo a nuestros locos en los manicomios o sus sustitutos, no siempre diferenciados de la fuente de la cual provienen.

Una manera de pensar inhumana genera una manera de pensar humana y esto, sin embargo, no le da al asunto criterio de verdad. Porque debemos decirlo: no es en la verdad de la locura donde anida la humanidad y, por tanto, no es, precisamente, humanidad lo que ambiciona el discurso psicótico sino, más bien, una palabra que por su brusquedad interrumpa el flujo de lo que teniendo que ser deseo, todavía, es necesidad en él.

Palabra que por su imposibilidad de ser reducida a cosa alguna (si ustedes quieren: falo, significante de falta) sirva como ejemplo (porque ¿de qué otra cosa se trata que de un proceso de identificación?) para que el habla del psicótico pueda, para dejar de ser psicótico: separar la cosa de la palabra que nombra la cosa o bien, en otro nivel, separar lo bueno de lo bello o bien, si se trata de hablar de los diferentes niveles de la locura, una palabra que le permita al hombre separar lo bello de lo divino.

Y si para semejante transformación habrá de ser necesario el cuerpo del psicoanalista, no nos pondremos a tratar de saber si es demoníaco o divino que el psicoanalista oficie de madre, pero diremos que la verificación del cuerpo no da más garantía al símbolo sino, por el contrario, pone en cuestión, precisamente, al símbolo porque el poder de curar está en el cuerpo. Porque si se tratase de curar, es de la eficacia simbólica de lo que se trataría y de ella, de la eficacia simbólica, es más capaz el cuerpo que la propia palabra.

Y si totalmente faltase el cuerpo no tendríamos, tampoco, el símbolo en su belleza pura o, mejor dicho, no habría símbolo posible en esa debilidad.

Esta manera de no poder no estar y, tampoco, poder estar, hace del cuerpo del psicoanalista una nube de polvo ardiente y helada a la vez que, en todos los casos, envuelve a quien por su boca habla, en esa pasión.

A nada temo, dice el sujeto, sólo a mis propias palabras.

Y sujeto, quiero estar diciéndolo, también está el loco. Ya que se trata de falta de significante, es decir, que forclusión significa que se trata de un sujeto como efecto del significante pero, singularmente, del significante que falta.

Lo que aparece desde el principio comprometido en la psicosis es la representación del sujeto por el significante. Ocurre una dispersión de los significantes que representan al sujeto. Porque no se trata de represión que permite que el otro significante funcione como referente de la representación del sujeto, sino del mecanismo de forclusión (rechazo) que se caracteriza por impedir la representación significante del sujeto.

Esta pequeña disgresión teórica es para permitirme decir que si el neurótico habita el lenguaje, el psicótico es habitado, poseído por el lenguaje.

Esa luz que debería iluminarlo, lo ciega.

Le di una patada al teclado de la máquina y conseguí, acto al fin, olvidar todo mi pasado y, sin embargo, no tuve ningún trastorno de la memoria (según Freud), es decir, ningún trastorno del lenguaje.

Esto quiere decir, según Lacan, que yo no he rechazado (a pesar de ser tan rechazante y de haber utilizado una negación para decirlo) ningún significante primordial o, según Freud que, todavía, no me ha llegado la hora. El trauma, el gran amor que lo destruya todo.

La psicosis podría ser ese «ha llegado tu hora».

Más allá de la represión, previo a la negación, algo existía.

Algo hubo de ser rechazado. No como en la neurosis, no realizado, sino no habido, no rememorable. Imposible de ser estructurado como lenguaje a menos que, subvirtiendo las propias leyes del lenguaje, aparezca no como significante atando al sujeto a otro significante, sino propiamente como un agujero en la cadena.

Una ausencia que ni siquiera se dialectiza en el fort-da, ya que su partida doble o su otra posibilidad no es ninguna presencia sino otra ausencia.

Lo que de lo primordial fue condenado como ajeno (nada se abre y se cierra en ese lugar, lo que fue agujero en la cadena de los cuerpos es ahora agujero en la concatenación significante) no retorna como lo reprimido envuelto en hojarasca y ni siquiera podemos decir que retorna como en la represión lo que, precisamente por haber sido rechazado de manera primordial, se vanagloria de estar allí sin posibilidades de representación.

Lo rechazado, debemos por ahora pensarlo así, al tiempo, se cobra su tributo y por ser desde un más allá de la represión no será neurosis lo que pida sino psicosis, así de fácil.

Los delirios son fantasías habladas y este hablar de las fantasías, Lacan, entre otros, lo hace partir del yo ideal aunque preguntándose aún ¿quién habla cuando habla el yo ideal?

¿Quién habla en ese yo ideal? Yo, de cualquier manera, ya que el yo ideal no deja de acompañar esa soledad donde el yo cuando no da más (y esto ocurre más a menudo de lo que se piensa) se enamora de ese ideal como la imagen, pero que más que anticiparlo lo acompaña. Que más que someterlo a la agresividad primitiva de la dialéctica de la identificación, lo consuela.

Colgajo de ser que sólo habla por boca de lo que no fue necesario reprimir porque primordialmente fue ser forcluido, rechazado, puesto fuera, fuera de toda marca posible de simbolización.

Trozo de ser que ya no pertenece ni ha lugar, por eso al querer representar al sujeto en la cadena significante rompe, desarticula, agujerea.

La ansiedad por deciros algunos pensamientos producidos en mi actividad clínica, me hace temer no poder hilar mis pensamientos en el sentido de una exposición general que a todos refresque el modo en que la psicosis y el psicoanálisis encontraron sus destinos.

Hubo, debemos decir, antes de un pensamiento terapéutico sobre la psicosis, una tendencia a la segregación social, a la incapacitación jurídica, a la injuria, a la burla, al castigo y/o a la reclusión en verdaderas fortalezas como infinitas cárceles.

Pero también es cierto que casi desde principio de siglo, surgen tendencias psiquiátricas moderadas que comienzan a dar al paciente psicótico, si no una solución, por lo menos otro trato. Sin haber comprendido todavía el proceso psicótico, se intentaba comprender al loco. En esta dirección hubo hallazgos y excesos, entre los hallazgos podemos mencionar no sólo algunas frases de Lacan, sino toda la corriente psiquiátrica que permite pensar al loco como un ser del lenguaje como nosotros, los psicoanalistas, los psiquiatras, los neuróticos, los perversos. Entre los excesos, para no perdernos, podemos mencionar la confusión de la locura con la creación o peor aún hablarle al psicótico en su mismo lenguaje, con lo cual muchos llegaron a volverse locos y, ni aun así, consiguieron hablar el mismo lenguaje que los locos.

Es bueno poder esclarecer en este momento de mi exposición que cuando hablo de psicosis, de locura, no estoy hablando de los pacientes que aparecen como casos en los libros más modernos. Sencillamente no se puede considerar psicótico o loco a quien me ha llamado por teléfono para pedirme una entrevista y luego viene y luego, aun, acepta seguir viniendo y paga a fin de mes o consigue que alguien pague a fin de mes. Y no lo puedo considerar loco aunque algunos problemas del lenguaje tenga o bien, delire con alguna cosita o alucine, sin más. Estos pacientes no presentan otra dificultad al tratamiento psicoanalítico que cualquier otro paciente, aunque sea el psicoanálisis de un candidato en formación psicoanalítica.

Otros pacientes son los que plantean la cuestión, a mi entender, estrictamente ética. Estos pacientes que además de tener trastornos del lenguaje y algún delirio, alguna alucinación, no pueden hacer todo lo otro, llamarme por teléfono, cumplir con el contrato y además, tienen todavía una negatividad por todo, también, por un tratamiento psicoanalítico. Y es aquí donde en lugar de afirmar o negar algo me gustaría hacerme junto con ustedes algunas preguntas:

¿Cómo imponer un tratamiento que sólo es posible por el lazo que la palabra establece entre el paciente y el psicoanalista, a quien no habla? O bien, si habla, habla con una lengua que no es la lengua que hablamos y no que sea un idioma diferente, sino que es otra dimensión del lenguaje donde eso de la locura, habla, aunque el sujeto en apariencia no hable.

¿Qué atributos debemos concebir en nosotros como psicoanalistas para suspender con nuestra voz, nuestra presencia, nuestro cuerpo interpretante, ese paraíso, esa completud donde el psicótico ha decidido refugiarse?

¿Bajo qué deseo intentaríamos rescatar y dar significación a un sujeto que quiere ahogarse en su propia mierda, cuando el espectáculo inhibe cualquier significación? Cómo atreverse, teniendo en cuenta que la mierda ajena es la que tiene el peor olor a menos que un profundo amor (valga la palabra como transferencia) haya aniquilado los receptores olfativos.

¿Cómo atreverse a danzar frente al inmóvil, movimientos posibles?

Cómo decirle al psicótico de buenas a primeras:

Es una vertiente iluminada lo que te detiene.
Ningún vacío es, ningún horror de las negruras.
Lo que te da miedo y bruscamente detiene tu camino
es simplemente, una luz, una clara visión del futuro, te detiene.

Es una catarata ardiente de palabras, lo que te matará.
Ningún puñal, ninguna daga antigua y misteriosa.
Lo que te llama a morir, lo que te mata, no es natural.
Es, simplemente, por haber gozado, que un día del futuro,

[morirás.

Me alegra saberte vivo y muerto, al tiempo que te hablo.
Iluminado como un gran poeta por fulgurante luz
y al mismo tiempo, enceguecido, quieto, petrificado.
Ya nadie robará tus amores porque será el deseo.
Ya nadie robará tu pensamiento porque será palabra.
Y ya nadie podrá ser inmortal, porque será el poema.

A medida que van pasando los años y sin poder decir que fue aumentando mi experiencia, me resulta cada vez más fuerte poder diagnosticar a una persona como psicótica. Y no quiero decir con esto que no hay psicóticos (los hay, pero como las brujas, sólo para quien las busca, sólo para quien cree en ellas) sino que digo peor, digo que me resisto al diagnóstico de psicosis aunque esté hecho por alguno de mis colegas más apreciados.

Trastornos del lenguaje tenemos todos y la esquizia fundante en el proceso psicótico, también, lo dice Lacan, es constitutiva del sujeto psíquico.

Cuando más joven, hasta tenía en cuenta, para hacer el diagnóstico, las llamadas relaciones sexuales. Los locos, con esta mirada, se multiplicaban a mi alrededor, infinitamente.

Después, aún, fui comunista y evaluaba a las personas según tuvieran o no «buenos» lazos sociales. Ahí, bajo esos ojos, la locura era total; el que no era loco, era un cabrón.

Hoy día me pregunto ¿quién no está loco
allí, donde el tiempo arrasa la memoria?

En esto de la locura siempre se tienen maestros. Yo tuve por lo menos tres: Pichón Riviere, David Cooper, Armando Bauleo.

Pichón Rivière fue el maestro del cuerpo. Cuando una tarde serena de noviembre le conté que una paciente me había besado, él me dijo rápidamente: Mire, Menassa, alguien lo quiere matar.

David Cooper fue el maestro de la discreción. Cuando se lo llevaban encerrado en una ambulancia para internarlo, por la ventana con rejas de la parte de atrás de la ambulancia, cuando yo intenté forcejear para que no se lo llevaran, él me dijo: ¡Discreción! Miguel, ¡Discreción!

Años después, David Cooper pagaría con su vida no haber escuchado lo que a mí me pudo transmitir: El problema del siglo con la locura no era la locura, sino la discreción.

Armando Bauleo fue el maestro de lo posible. Cuando me hablaba de los locos, nunca los llamaba locos. Siempre me decía «esa gente nerviosa» y nerviosos, yo lo entendía perfectamente bien, éramos todos, no sólo los locos.

Tal vez por eso ya han pasado más de veinte años de mi vida ocupándome de la locura, como si la locura fuera una cosa mía.

No sólo llegué a estar rodeado de locos, sino que yo mismo vivía como los locos. Hasta que una mañana me levanté y me dije: vivir como un loco es una vida alucinante y yo no me veía así, por eso que a partir de ahí busqué alguna diferencia entre yo mismo y los locos. Yo mismo tenía un mundo fantasmático, el loco era el que tenía un mundo alucinado.

Y si bien esa no era en apariencia una gran diferencia, para mí fue fundamental. El psicótico entonces no tenía fantasías y las palabras que decía o escuchaba no tenían polisemia.

En su momento, hasta me daba risa darme cuenta que las diferencias estribaban en que la fantasía estaba en el psicótico reemplazada por la alucinación y la polisemia de las palabras quedaba anulada porque en el delirio cada palabra quiere decir una sola cosa.

No éramos iguales, pero tampoco se podía decir que éramos diferentes. Ya que no sólo lo dicen otros investigadores, sino que también los psicóticos atendidos por mí atravesaban en algunos momentos del tratamiento períodos de una lucidez, aun, envidiable por mí. Períodos donde toda la locura, también, era el sesgo de esa inteligencia.

Había frases que salían de su boca puntuadas como si fueran poesía (sin que por esto el discurso llegara a ser poético o sencillamente más coherente) y esto, para mí por lo menos estaba claro, no pasaba nunca en el paciente llamado neurótico, pero sí en mí.

Estos pensamientos, esta vecindad de mí con el psicótico me resultaba escalofriante.

¿Una vez más se agotaban las diferencias?

¿O esta vez se marcaban definitivamente las diferencias?

La puntuación me hacía pensar que tanto creación como locura provenían de la «libertad» de la propia pulsación del inconsciente. Es decir, algo más allá de la represión, más allá del placer, repite. Y esto es verdad, pero mientras que en el creador lo que pulsa es un universo Otro, en el psicótico lo que pulsa es el rechazo a ese Otro universo. Y no es que luego no lo comparta con nosotros como otro ser más del lenguaje sino que, sencillamente, no puede concebirse como posterior al lenguaje. Ni puede, como dice el poeta, yo es Otro. En mí, dirá el poeta, lo que me puntúa, es una falta. En el loco lo que puntúa y eso no lo puede decir el loco sino un psicoanalista, es el rechazo de esa falta. Soy, como sujeto del lenguaje, dice el poeta, ese ser desaparecido por ser representado por un significante para otro.

Soy invadido, diría el loco, por el lenguaje. Soy una aparición en forma de rechazo. Un agujero presente que no puede ser representado.

Como Director de la Escuela de Psicoanálisis Grupo Cero no debería concluir mi exposición sobre el psicoanálisis y la psicosis sin antes hablar de la formación a la cual debe aspirar un candidato a psicoanalista que se fuera a dedicar al tratamiento psicoanalítico de la psicosis.

Primero he de decir que durante mucho tiempo, hasta hace unos pocos años, yo pensaba que era imposible formarse completamente como psicoanalista y de la locura, al fin y al cabo, no pensaba que debiera extirparse del mundo.

Así que, con esos pensamientos donde cohabitaban un psicoanalista formado por la mitad o incompletamente y un psicótico constituido como tal, se hacía evidente que la locura no podía tener el tratamiento adecuado.

El segundo paso fue pensar que, tal vez, varios analistas formados incompletamente pudieran encarrilar el discurso psicótico. De ahí a los grupos analizadores de contención estábamos a un paso. Pero hubimos de esperar un tiempo más frente a la pregunta ¿quién se resiste? Y si bien Freud y Lacan llegaron a enunciar, y hoy seguramente algún trabajo versará sobre eso, que en el tratamiento de la psicosis el paciente será toda la resistencia y el psicoanalista, por tanto, será el que tenga que poner en juego su propia transferencia para que sea posible el tratamiento, sin embargo, lo que veíamos no era exactamente eso. En todos nuestros casos siempre fue la familia del psicótico el núcleo de todas las resistencias a la curación. Además pudimos comprobar, lamentablemente, que la sociedad en su totalidad se resiste a que el loco cure como para volver a inscribirse en la matriz social de materializaciones.

El tercer paso fue darnos cuenta que además de utilizar varios analistas en el tratamiento de la psicosis, varios habrían de ser, también, los pacientes y varios y diferentes los niveles de análisis que un psicoanalista tendrá que poder para aspirar a cierto éxito en el tratamiento de la locura.

Y si desde Freud sabemos que de la palabra se trata, el psicótico anuncia en su decir que pertenece a una raza de hombres que no se reproducen por sexuación y que, por tanto, son criaturas inmortales. Su decir, por otra parte, no puede en ningún caso separarse del decir de la familia. Institución ésta encargada de humanizar al cachorro de hombre y puesta estos últimos siglos por los cielos como matriz privilegiada de todo proceso de civilización, en realidad fue algo surgido directamente de la selva, ya que los animales antes de la palabra, en los estadios presimbólicos, se organizaban en familias para reproducir y cuidar sus especies. Quiero decir que la familia, también la familia del psicótico, sólo por el hecho de ser familia, guarda en algún registro del discurso que transmite los mismos inconvenientes con el lenguaje que luego padecerá o se harán evidentes en el psicótico.

Vi nada ni vacío ni altura.
Oí lo que ya no hablaba.
Bebí con desesperación la sed.
Toqué lo muerto. Todo lo inacabado.

# ENCUENTRO SOBRE EL FIN DE ANÁLISIS

Madrid, 28 de enero de 1989

Dejar algo, también, es abrirse a otras realidades.

La conclusión de las relaciones más antiguas (si así se puede llamar a alguna relación, donde no puede haberla) abrirá, sin dudas, nuevas realidades, en principio, para todos los participantes de la separación y secundariamente, pero en el mismo nivel de importancia, el resto se verá beneficiado por estas aperturas.

Pero el dolor es inevitable.

Y dolor habrá para todos, ya que los más jóvenes estuvieron hasta ahora bebiendo gratuitamente de lo que fue la formación de los mayores, ahora ellos tendrán que contratar para que a partir de ahora se trate de la formación de ellos de la cual beberán, casi gratuitamente, otros, más jóvenes.

Cuando en el 81 se me planteó el asunto de una Escuela de Psicoanálisis se sabía, claramente, que la fundación de la Escuela era para formar a los que la fundaban.

Y eso, hoy podemos verlo, fue más o menos lo que pasó durante estos intensos ocho años, el resto no hizo otra cosa que presenciar esta formación.

Es por eso que insisto: debe haber un nuevo pedido de formación para que eso vuelva a ocurrir.

Estas jornadas tienen la intención de que se vuelvan a reunir los grupos didácticos y que haya por lo menos alguien que quiera contratar con la Escuela para ser formado.

El contrato de formación cuando viene desde el candidato (por otra parte única manera de poder realizarse) implica que la vida del candidato ha de diluirse, toda ella, en la vida de la transferencia y así hasta el final, donde el candidato diluirá su transferencia en lo que habrá de ser su nueva vida como psicoanalista.

Es decir, que si muchos de ustedes, todavía, no han visualizado quién habrá de ser vuestro didacta (clásicamente hablando vuestro maestro) muchos de ustedes no han tenido aún la primera entrevista, aunque pretendan estar realizando un psicoanálisis.

Ya que al campo del psicoanálisis no se entra sin antes haber decidido diluir toda la vida en la vida de la transferencia; es decir, exactamente, armarse del valor para no tener ningún otro futuro que el fin del análisis donde, por fin, se abrirá para el candidato su propia vida.

Y para dar comienzo a las jornadas diré: que eso que el candidato es en el fin, es lo que permite leer porqué la transferencia tuvo el desarrollo que tuvo.

Quiero decirles que estas jornadas tienen para mí un valor extremo, ya que puedo presentarme en público (sabiendo que todos somos candidatos al psicoanálisis) pensando que un discípulo, más allá de todas las decisiones que deben tomarse durante el proceso de formarse, sólo es considerado como tal si tiene la gracia de ponerle fin a la transferencia y comenzar a vivir su propio pensamiento, queremos decir, su propia vida.

Mientras esto no sea posible no habrá discípulos.

Y estoy, también, contento porque sé que mi tarea en la transmisión del psicoanálisis recién comienza, ya que muchos de los presentes no sólo tienen fantasías de formarse como psicoanalistas sino que entre ellos se encuentran, también, quienes están capacitados para emprender ya mismo semejante viaje.

Y, aún, entre los más jóvenes se puede vislumbrar, con buen tino, que en los próximos años habrá más.

Y no quisiera olvidarme con esto de la formación que ya existe de manera material, es decir, legalmente constituida: la Escuela de Psicoanálisis Grupo Cero, la Escuela de Poesía, la Editorial Grupo Cero; es decir que ya no puede ser ninguna idea de formación fundar otras escuelas o crear otras editoriales sino que formarse, para que sea entre nosotros, será encontrar las mejores maneras de funcionamiento dentro de lo fundado por nuestros antecesores que, en algunos casos, somos nosotros mismos.

Y formarse será, también, el desarrollo de las ideas que hacen a la programación de una mejor salud mental para toda la población que como ejemplo de estas cuestiones se puede nombrar, que debemos la creación de un hospital de día y si es posible la fundación de un departamento de Clínica que pueda dar atención a un gran número de personas.

A veces, me pregunto si todo lo vivido servirá para algo.

A veces, la única respuesta es el silencio.

Y no me digo nada y me quedo ahí, callado, mirando cómo el horizonte se parte de silencio y, yo mismo, soy esos fragmentos del horizonte, cayéndose, ya sin otro destino que caer.

Algo finaliza, me doy cuenta, pero la cosa misma no deja de caer.

Y si hoy algo comienza porque el final fue acto, lo nacido ha nacido para caer.

Seguir cayendo sin llegar nunca a ningún fondo es propiedad pura de la cosa. Lo que muere es el hombre, sus amores.

*Cinco años después...*
Seminario coordinadores de grupos
temporada 1994-1995
Presentación del Programa del Seminario.
Septiembre de 1994

## NO HAY PRODUCCIÓN DE SUJETOS FUERA DE LA PRODUCCIÓN GRUPAL

El programa de este Seminario está estructurado en tres ciclos. Al abordar los temas de cada ciclo nos encontramos de frente con una cuestión fundamental para la producción de un grupo: La diferencia radical entre actividad y tarea, tan radical como en psicoanálisis es la diferencia entre consciente e inconsciente.

Para que cada uno sea atravesado por el tiempo grupal, tiempo lógico más que cronológico, se hace necesario, estructuralmente, la producción del grupo, un grupo que nos determine como sujetos y que como sujetos seamos su soporte.

Así como sabemos que no hay estructura sin sujeto, ni sujeto sin estructura del lenguaje, es decir, que los significantes determinan al sujeto y el sujeto es el soporte de los significantes. El grupo no es un conjunto de sujetos sino que produce sujetos que a su vez son su soporte material.

Es decir, que comenzamos nuestra andadura diciendo que la concepción grupal determina, rige, la manera de tratar los grupos y la manera de tratarlos comanda la manera de concebirlos. Y para nosotros no es que lo que se concibe bien se enuncia claramente, sino que lo que se enuncia bien está claramente concebido.

Diferenciar tarea de actividad es fundamental, ya que funda la diferencia que hay entre producción de un grupo como tarea inconsciente (producirse como grupo) y los quehaceres, el saber hacer con lo grupal.

Hay un decir que es hacer grupo y un saber hacer con lo producido.

Mientras las actividades son cuestiones sobre las que nos podemos poner de acuerdo, son algo pautable, o sea consciente, la tarea es inconsciente y en su condición de real impide todo tipo de pacto simbólico que no esté precedido por la interpretación.

En el primer ciclo que estamos abriendo, la tarea será la producción del grupo que tendrá que ver con la formación de: a) un imaginario grupal; b) una ideología grupal; c) un deseo grupal. Y para que esto sea posible deben ser interpretados los obstáculos que se oponen a la producción del grupo bajo las estructuras del Yo, el Superyó y el Ello.

A la constitución de un imaginario grupal se opondrá el Yo: Yo quiero, Yo necesito, Yo demando. Es por eso que la constitución del imaginario grupal tiende a anular lo yoico, una disolución imaginaria de cada integrante para poder levantar este obstáculo de aparición precoz en todo intento de producción grupal.

Los obstáculos para la formación de una ideología grupal surgen del Superyó. Podemos decir que la función del superyó es como una teología negativa. NO quiero, NO necesito, NO demando (no puedo, no hago) GOZO. El imperativo del Superyo: GOZA, con la COSA, con das DING, con la madre fálica, ocupa toda la escena.

La perpetuación del goce primordial es obstáculo que opera como ideología negativa en la construcción de una ideología grupal y aquí cabe connotar otra diferencia fundamental en la construcción de los grupos. La ideología es diferente a las ideas.

La ideología es aquello que determina la acción. La ideología no tiene nada que ver con las ideas, es un conjunto de razones (siempre inconscientes) que me permite actuar de una manera determinada. El momento de la ideología impide pensar. Pero sin ideología no hay movimiento, es decir, no hay sujetos psíquicos o sociales sin ideología.

El tercer obstáculo para la producción de un grupo, tarea del primer ciclo, proviene del Ello. Si Él desea, Eso goza; hace obstáculo a la producción del deseo grupal.

Los obstáculos se materializan en el intento de borrar (forcluir, repudiar) la diferencia radical entre tarea y actividad. Así, esos obstáculos intentan diluir la tarea en un sinnúmero de actividades (hasta amorosas), apuestan por la sinonimia, el pegoteamiento semántico para nada ingenuo, ya que en ese movimiento los integrantes privilegian el narcisismo sobre el trabajo, la familia sobre el grupo. El privilegio se materializa en la confusión de pensar un grupo como la suma de sus integrantes.

Fijando la posición de la Escuela al respecto decimos: NO hay producción de sujetos fuera de la producción grupal. Producir, entonces, un grupo que actuará como máquina productora de sujetos psico-sociales.

Durante el tiempo de producción del grupo, como dijimos, la actividad tiende a reemplazar la tarea siempre, en todos casos, en contra de lo grupal.

Se va a tratar de caminar sobre un sendero donde los OTROS valen más que yo, pero los OTROS no refiere a ningún yo, los OTROS son los procesos imaginarios grupales que van más allá de cualquier yo.

Reiterando decimos que el grupo no está formado por sujetos psíquicos, el grupo produce sujetos, determina la producción de sujetos que van a ser el soporte de lo grupal.

Podemos decir en este sentido que la familia o la universidad no forman sujetos sino a condición de constituirse como grupos.

Hablar de lo grupal no es como hablar del inconsciente. No hay un discurso de lo grupal como hay un discurso del psicoanálisis.

El segundo ciclo tendrá como tarea la producción de un proyecto grupal. Los obstáculos que se opondrán a esta segunda tarea pueden denominarse como:

Restos del yo: El cuerpo, la personalidad, la familia.

Restos del Superyó: Las instituciones del saber, la moral, los modelos ideológicos del Estado.

Restos del Ello: Narcisismo, Edipo, Castración.

No hay psicoanalista fuera de una cadena de transmisión. En el movimiento que la Escuela está produciendo en ese sentido, no hay Real sin Realidad

La Realidad son las marcas que lo Real va dejando en ella. Sin Realidad no habría dónde lo real dejara sus marcas.

Para nosotros no hay Institución Escuela de Psicoanálisis sin grupo. Teniendo en cuenta que el grupo no son las personas, los integrantes, los elementos que lo componen, sino que el significante está en el nombre y apellido de la Institución: Escuela de Psicoanálisis Grupo Cero.

Los sujetos que no han levantado los obstáculos del yo como restos, están todavía enarbolando los emblemas del cuerpo, la personalidad, la familia, que en sí mismas son instituciones pero no sociales, no culturales. El cuerpo biológico, la personalidad consciente, la familia como institución de la Especie Humana, cuya función es reproducir y cuidar la especie, siendo en este sentido animal.

Debemos ser animales, aunque ya hemos escrito que es una crueldad darle el habla a un perro.

El levantamiento de los restos del Superyo es producir en el lugar de las instituciones del saber (academia-universidad) el saber inconsciente para dar cabida a lo que del saber inconsciente transporta al goce como imposible. En lugar de la moral, una ética. Y en lugar de los modelos ideológicos del Estado, el grado de libertad que se produce en la escritura inconsciente de la ideología grupal.

Y por último, el levantamiento de los restos del Ello que impiden la producción de un proyecto grupal y que denominamos NARCISISMO, EDIPO, CASTRACIÓN, dejará paso a un más allá del sí mismo, a la posibilidad de una teoría de grupos y a la producción de una interpretación de la realidad-real más allá del Edipo, que como sabemos no es el mito de lo psíquico propiamente dicho sino sencillamente el mito del neurótico.

El sujeto de cualquier manera siempre será, como palabra, el puente indeciso de infinitas combinaciones de palabras. A lo que apunto es que se trata de transformarse en productor después de haber sido desde el inicio de los tiempos consumidor. De recibidores natos a dadores universales.

Si he sido formado como psicoanalista tengo que formar psicoanalistas y esto no es sólo el pago de una deuda cualquiera, sino que por simbólica atestiguará que ha habido formación.

Para terminar con cosas sencillas diré que cada vez que el grupo pierde su identidad, pierde su discriminación con el coordinador. Cuando el grupo dice: No somos el coordinador, nace como grupo. Un bien decir que es hacer. Un saber hacer, siempre inconsciente.

Pasos previos a candidatos a psicoanalistas:

El que paga le impone al otro que no exprese su deseo sino bajo la forma de «deseo que Usted se psicoanalice».

Lo que pasa no es lo que pasa. Lo que se recuerda es en función didáctica. El paciente recuerda los efectos de la interpretación, no los hechos y ni siquiera la interpretación.

Si recuerdo los hechos, los sucesos que me pasaron con el psicoanalista, las palabras, no estuve psicoanalizándome.

No tener dinero, no tener amantes, no tener, no tener, es la sustitución de una carencia constitutiva, es decir, que es un no tener que otros tienen y que yo puedo llegar a tener. Secuencia sustitutiva de la carencia constitutiva de la que todos carecen pues nunca hubo y nunca habrá de eso.

Por eso que no, no, no, no, es propio del goce con das Ding, aún no operó la castración, estoy en contacto con la madre fálica.

Envidia y miedo son al fin de cuentas recuerdos encubridores de la verdad de castración, ya que no es el hombre el que tiene lo que yo no tengo sino mi madre y no es que tenga miedo de perder nada propio sino que lo que me sume en la desesperación y el terror es la castración, para colmo imaginaria, de mi madre fálica.

Todas estas cuestiones funcionan en la producción de los grupos, por eso que se hará necesario el establecimiento y la interpretación consecuente en la transferencia, ya que los celos y la envidia son el legado de la madre y si hay madre, es cierto, hay amor pero no hay grupo.

Tal vez desviándome quiero decir que la idea tiene que ver con el conocimiento, es decir, tiene que ver con el pensamiento consciente. La ideología es inconsciente, no se puede decir cuál es la ideología antes de la acción. En la acción se ve la ideología, la ideología implica modo de hacer, sólo se puede interpretar después de la acción.

La política es la acción de la articulación de las prácticas. En la política se ve con qué ideología se hizo la articulación. La ideología funciona inconscientemente y nunca deja de funcionar. No hay que no haya ideología.

El grupo tiene extensiones, las instituciones tienen sucursales.

En cuanto a la pertenencia y a la pertinencia diremos que para nosotros son instrumentos de lectura, pueden ser importantes parámetros de funcionamiento o faltar en absoluto.

Ambicionamos heterogeneidad en la comprensión, en la formación, en el psicoanálisis, en la producción.

Al grupo le interesa la historia, a la institución la eficacia.

El tercer ciclo, cuya tarea será la materialización del proyecto grupal producido en el ciclo anterior, se procesará con ciertas oscilaciones entre:

1. Individuo y masa.
2. Economía libidinal y economía política.
3. Producción de vida y producción de historia.

# LA TRANSMISIÓN Y LA GRUPALIDAD

Conferencia Inaugural
Madrid, noviembre 1989


Antes de dar comienzo a la conferencia propiamente dicha me gustaría, y es lo que hago, compartir con ustedes, candidatos al psicoanálisis, ya que a escuchar eso han venido, las vicisitudes, los obstáculos salvados en estos años para que fuera posible la conferencia que, luego, sin ninguna otra intención, habré de leerles.

Tengo que reconocer que, cuando el Grupo Cero Buenos Aires en 1976 se fragmenta y participa (posiblemente) del más grande exilio de psicoanalistas o candidatos a serlo, yo tuve mi fortuna, ya que mi proceso del exilio fue grupal.

Es decir, que lo que hoy llamamos Grupo Cero Madrid, Institución Escuela de Psicoanálisis, puede estar orgullosa de que su fundación se haya gestado al compás de la Interpretación psicoanalítica y en el tiempo creativo que todo grupo genera, aún, sin darse cuenta.

Lo que es lo mismo, para mí y otros afortunados psicoanalistas del Cero el exilio no significó ni mucho menos la interrupción de nuestra formación.

Una prueba, ya que la tengo, sería llegar a Madrid en agosto del año 1976 y dar mi primera conferencia de psicoanálisis en septiembre y participar en un recital grupal en la librería Antonio Machado en el mes de octubre de 1976.

Nada se detuvo en nosotros, sino el amor.

Nuestros padres habían quedado en el sur, pero el resto lo trajimos con nosotros, nuestros conocimientos, el saber inconsciente, nuestra manera de procesar la realidad eran hechos grupales, nos pertenecían más allá de nosotros, más allá del exilio.

En el 77 aparece el primer libro con el sello Grupo Cero, «SALTO MORTAL, Buenos Aires-Madrid, 1975-1977» y en las instalaciones de la Comunidad Carbonero y Sol comienza a funcionar lo que llamábamos en chiste la Universidad Grupo Cero.

Una clase diaria sobre los temas fundamentales del conocimiento fue haciendo de nosotros los convivientes más cultos del planeta. En un intento de memorizar, los grupos funcionaban con los siguientes títulos:

1.- TEORÍA DE LA RELATIVIDAD.

2.- IMPORTANCIA DE LOS DESCUBRIMIENTOS BIOLÓGICOS EN LA FILOSOFÍA.

3.- CLÍNICA PSICOANALÍTICA.

4.- MARXISMO Y PSICOANÁLISIS.

5.- LACAN —TOPOLOGÍA PSICOANALÍTICA—.

6.- POLÍTICA Y PSICOANÁLISIS. IMPORTANCIA DEL PSICOANÁLISIS EN LA PRODUCCIÓN DE UNA SOCIEDAD DIFERENTE.

7.- POESÍA Y PSICOANÁLISIS.

Es decir, que cuando en Madrid nadie sabía, aún, de qué se trataba, nosotros hacíamos ciclos de psicoanálisis en centros culturales como el Centro Cultural Mantuano o Colegios Mayores como el San Juan Evangelista y hacíamos nuestros recitales en la Villa o en la Galería Juana Mordó, donde fuimos capaces de meter 450 personas para escuchar un recital de María Chévez, uno de nuestros fundamentos de la fundación. La mujer es tan loca como la poesía, es decir, en ella reside toda posibilidad de subversión.

Y fueron precisamente esos psicoanalistas, en formación, los que me sedujeron con la idea de una escuela de psicoanálisis.

Fueron  esos poetas en mí, los que me hicieron formular la posibilidad de un nuevo campo que se definiría como Poesía y Psicoanálisis.

Y yo, debo decirlo, siempre les dije que sí, por eso fui creciendo y fuimos Editorial, más de 40 títulos, (actualmente, en 1999, más de 100 títulos) y fuimos revistas más de 20 números (actualmente, en 1999, sumando los 28 números de Extensión Universitaria, los 28 números de Las 2001 Noches, los 23 números de Onda Cero, y los 36 números de El Indio del Jarama, llegamos a 136 números de revistas. Y de nuestra mayor tirada, de 5.000 ejemplares de Apocalipsis Cero, hemos llegado a los 125.000 ejemplares mensuales de Las 2001 Noches y 120.000 ejemplares de Extensión Universitaria y recitales, más de 200 y conferencias más de 500 y ahora ya estamos en condiciones de asegurar que en nuestras aulas 80 psicoanalistas o candidatos a serlo producen su formación.

Y esto no es ningún límite sino el comienzo. Ahora que cualquiera puede regalar el psicoanálisis en el supermercado o de manera más elegante en la Universidad, el Grupo Cero quiere puntuar la situación a su medida.

Al seminario de Sigmund Freud de tres años de duración, la Escuela sabiendo de su responsabilidad y mostrando los efectos del trabajo realizado sobre los candidatos, le añade e inaugura este ciclo el SEMINARIO JACQUES LACAN y abre tres grupos de lectura con la intención de iniciar estudios que permitan la creación de cátedras de PSICOANÁLISIS Y MATERIALISMO DIALÉCTICO, MEDICINA Y PSICOANÁLISIS, POESÍA Y PSICOANÁLISIS, que yo mismo coordinaré y tenemos pensado definir después de la realización del tercer congreso de POESÍA Y PSICOANÁLISIS en Buenos Aires, en diciembre de este año, las cuatro materias del ciclo superior de psicoanálisis:

CLÍNICA GRUPAL E INSTITUCIONAL.

CLÍNICA DE LAS NEUROSIS Y LAS ENFERMEDADES FUNCIONALES.

CLÍNICA DE LAS PSICOSIS, PERVERSIONES Y ENFERMEDADES PSICOSOMÁTICAS.

CLÍNICA DE LA ESCRITURA.

Ahora, más animado, podré leerles la conferencia que he escrito especialmente para ustedes, ya que a mi entender es una carta lo que he escrito.

Antes, aún, tengo que decir una pequeña mentira:

*Tengo 49 años y puedo, a diferencia con mis contemporáneos, proponerme otros diez años de formación para poder sentirme, más allá de ya serlo, un psicoanalista y así, un año antes que termine el siglo en 1999, al cumplir 59 años, seré todo del descubrimiento freudiano.*

Por eso ha de ser que no pude entender con claridad vuestra demanda de ser psicoanalistas o conocer el psicoanálisis, cuando vuestras intenciones, sin tener en cuenta lo que demandáis, son las realizaciones rápidas y baratas y, porqué no, conseguirlo si eso fuera posible todo en esta primera entrevista.

Diez años más, me digo para mí, sobre los 31 que ya llevo en el campo. A los 18 años, recién cumplidos, recibí el impacto de la primera interpretación. Otro hablaba en mi hablar y, para mi sorpresa, yo no sabía lo que decía. Y, tal vez, fui afortunado, ya que ese primer acontecimiento inconsciente en mi vida se produjo en un tiempo grupal.

La interpretación rozaba algo de la mujer en mí, no sabido.

Y ahora no quisiera decirlo, porque ustedes ya se habrán dado cuenta de qué hablo cuando digo que desde ese instante, hace 31 años, todas mis producciones íntimas o sociales-históricas quedaron atadas al campo de lo grupal o al campo de la mujer. Y de no ser por la poesía, por el psicoanálisis, esas dos estructuras de misterio me hubieran enceguecido para siempre.

Poesía y Psicoanálisis, más que aproximaciones metodológicas, por lo menos en mi caso, son destino. Armas de luz que me permitieron penetrar los dos agujeros negros de nuestra cultura actual: Los Grupos, La Mujer.

Y pasa que, hasta aquí, algunos resultados hemos producido.

La mujer fue desplazada desde la quietud prometedora de la envidia al pene a la diferencia radical de su goce que hace de ella, hoy día, única posibilidad de subversión de los actuales modelos ideológicos.

El grupo fue desplazado, con nuestra propia experiencia, de lugar de transición entre el sujeto psíquico y el sujeto social hasta el punto de comienzo donde el grupo es la máquina formadora de sujetos, tanto psíquicos como sociales.

Algo hemos progresado pero debemos decirlo, serenamente, necesitaríamos otros 31 años más para poder dejar las cosas, claramente, establecidas.

Especialistas en grandes cumbres y bajos fondos, fuimos capaces de nombrar lo innombrable. Interpretamos, hicimos poesía.

Más allá, siempre hay un más allá, como nos enseña Freud, más allá de todo decir, en la Institución Escuela de Psicoanálisis Grupo Cero se produce enseñanza del psicoanálisis y transmisión del psicoanálisis simultáneamente, porque pensamos que no se pueden producir por separado.

No habrá escuela, habrá Estilo. Que quiere decir que un estilo en psicoanálisis incluye que sea en una Escuela su Transmisión.

Y no habrá escuela. Habrá estilo y un estilo no transmite nada, sólo se desarrolla. Para todo aquél que participe de su desarrollo se abre una posibilidad de estilo. Esa apertura es lo que se transmite. Y la transmisión, en estos casos, es autogestionaria.

La Escuela cuenta hasta el día de hoy con 80 matriculados en sus diferentes niveles de formación y es su intención llegar a 160 matriculados y cuenta con ustedes para eso, para luego cerrar sus puertas por algunos años a la inscripción de nuevos alumnos y ponerse a trabajar intensamente en la formación científico-creativa de estos 160 candidatos, para poder todos juntos pensar y materializar para el año 1991 nuestros grandes festejos, 10 años de nuestra institucionalización (1981), 20 años del PRIMER MANI-FIESTO DEL GRUPO CERO (1971) y 30 años de la publicación de mi primer libro de poesía y luego con los años, después de los festejos, hasta podríamos intentarlo, una verdadera Universidad de Poesía y Psicoanálisis.

Este es el tren que psicoanalizo y os aseguro que si yo no consigo vivir 200 años, algo de lo que seamos capaces de producir juntos lo conseguirá.

Y no es que tenga muchas esperanzas puestas en el hombre pero debo reconocer, para condensar, que alguna luz percibo en la poesía, en el psicoanálisis, en los grupos, en la mujer.

Así que matricularse en la Escuela de Psicoanálisis no es matricularse en uno de esos cursillos donde se enseñan relaciones humanas o a llevarse mejor con el patrón, ser en la Escuela de Psicoanálisis Grupo Cero es dar comienzo a un viaje que puede durar 200 años.

Digo: el que tenga algún deseo de cambios fundamentales en su manera de pensar, aquél que tenga la valentía de enfrentarse con sus propios procesos de creación, ese podrá subir al tren si lo desea, el resto tendrá que seguir ensayando con las palabras cruzadas, pensando que en esa soledad encontrará alguna verdad hasta que un día, así lo esperamos, pueda escuchar otras palabras que las de la Madre, que las de la Iglesia, que las del Estado, que las de sus fantasmas.

Esperando no haberlos convencido de nada más que de lo que ustedes estaban previamente convencidos antes de la penetración, un sencillo beso de amor:

*Tener pacientes no es ser psicoanalista.*
*Ser del Grupo Cero no es sólo un trabajo.*
*Ser poeta, aún, no es sólo serlo.*

# EL DESEO EN FREUD Y LA TRANSMISIÓN EN PSICOANÁLISIS

Madrid, 18 de octubre de 1989

CARTA ABIERTA A LA ESCUELA DE PSICOANÁLISIS GRUPO CERO: Psicoanalistas, Profesores, Coordinadores y Alumnos.

He tenido el honor de haber sido nuevamente elegido para abrir una nueva temporada de pensamiento en la Escuela y, esta vez, he pensado concretamente en los diferentes motivos por los cuales volvería a ser nuevamente seleccionado para inaugurar la nueva temporada, que tiene el sabor de fin de década y de apertura a los grandes festejos de la década del 90 que, como en todos los siglos que nos anteceden, en tanto a los festejos, me imagino que por haber llegado, los hombres van proyectando y legislando los modos de vida del siglo siguiente.

¿No fue acaso en la última década del siglo pasado donde se dio comienzo a una nueva lectura de la realidad del sujeto que hizo que en este siglo, que agoniza, el hombre conociera el fondo del horror?

Debo reconocer que hoy no quiero extenderme en lo que todos

conocemos, al menos por el hecho de padecer, sino que preferiría abocarme con todas las intenciones sobre lo enunciado.

Según Freud, el Deseo Inconsciente es vértice de todo diagrama posible para lo psíquico.

Toda instancia es dibujada por el deseo. Deseo que programa grandes triunfos y fracasos horribles en plena sombra.

Su habilidad es desplazarse, condensarse, hacerse humo, partirse en mil pequeños pedazos, aparecer y desaparecer permanentemente, transmutarse permanentemente para no ser hallado y en muchas ocasiones para ser del orden de lo no realizado.

¿Cómo atrapar un sentido? alguien se preguntará y ¿cómo decirle a la víctima, me pregunto yo, que la vida no tiene sentido sino aquél, sencillo, de buscar lo imposible?

Lo que no se puede tener aunque se encuentre.

Porque lo posible de ser hallado resume el gran descubrimiento freudiano pero no la vida del sujeto, ni siquiera su realidad, y se denomina Interpretación Psicoanalítica.

Método, modo de apropiarse, para sus transformaciones, de la realidad del inconsciente que en definitiva es una construcción donde se articulan secuencias de interpretaciones y, aun, el famoso fantasma francés (fuera del orden del significante) no entra dentro de la historia del sujeto, su propio cuerpo, sino bajo la forma de interpretación psicoanalítica.

Y si la interpretación habrá de ser palabra o acto, es una encrucijada de los antiguos. Después de Marx, el concreto de pensamiento es palabra y es acto al mismo tiempo, se trate de una bella interpretación o de un lúcido acto.

Los hechos no existen, la razón es obtusa, los sentimientos son siempre infantiles, el dinero es equivalente simbólico de la caca, por lo tanto del pene y de los niños, el amor casi no existe, la mujer apenas y el hombre ha fracasado, por lo menos sus revoluciones, este siglo.

El deseo inconsciente es inmortal, dice Freud, para decir algo pero eso, claramente, no quiere decir como piensan algunos psicoanalistas que una vez proclamado el deseo se vuelve inmortal el psi-coanalista, sino que Freud, de manera sencilla y magistral, nos dice en esa frase que no hay vida posible sin deseo inconsciente.

A saber: la falta del Deseo inconsciente hace imposible toda teoría sobre el sujeto.

La misma muerte tiene que ver conmigo, dice Freud, padezco como sujeto una pulsión que la representa y es desde aquí de donde se desprenden con claridad las posibilidades que el método psicoanalítico tiene como futuro en el orden del cuerpo, léase, medicina, y en el orden social, léase, política.

El tiempo presente es el tiempo de la realización del deseo inconsciente y creo que buscarle cuatro patas al gato, que las tiene, no ha de hacerme sospechoso de una sagaz inteligencia.

Diré que el Deseo sólo se hace presente frente a la fórmula de psicoanalista presente.

Es relativamente fácil pensar que sin la presencia del psicoanalista, su propio cuerpo como tal, no hay deseo inconsciente.

El Deseo inconsciente es la interpretación psicoanalítica.

Más que metáfora radiante de lo Otro, desviación primordial, pedacito volante que no busca su lugar ni ser hallado, sino sencilla-mente desplazar el sentido para que no lo haya.

Hasta aquí y en ciertos sentidos articulado, Freud habla de una transmisión posible en psicoanálisis, es el Deseo lo que se transmite.

No sólo la clínica, sino que sobre todo la teoría se construye articulando secuencias de interpretaciones.

La teoría es clínica quiere volver a decir que sin psicoanalista no hay deseo inconsciente.

Sin interpretación no hay realidad psíquica.

Y yo soy ese psicoanalista presente que hubo para que fuera posible la construcción de lo psíquico que, como tal sujeto, lleva por nombre a quienes me dirijo, Psicoanalistas, Profesores, Coor-dinadores y Alumnos de la Escuela de Psicoanálisis Grupo Cero, a quienes hago responsables de la trampa en la cual, en apariencia, con tanta tranquilidad, caigo.

Caer es errar y errar, a veces, como un vagabundo, es cuestión del deseo inconsciente y yo, si algo tengo que ver con eso, tengo que estar ahí errando, poniendo mi propio cuerpo como límite al goce todo del simple hablar, que no deja de ser otra enfermedad.

Y caigo sin vergüenza porque no es el cuerpo el que teme a las palabras, sino que son el alma pura, el pensamiento ingenuo, los que temen la irrupción del cuerpo, la caída, el sencillo errar, el hablar por Otros, la interpretación. El poema.

Y si yo mismo estuve allí cuando la fundación, coordinando al grupo de arriesgados científicos y poetas que se animarían a fundar una Escuela de Psicoanálisis, en una ciudad donde no existía el inconsciente.

Sin ir más lejos, en el año 1976 (época de nuestras primeras conferencias), las viejas comentaban que esa palabra la había sacado Franco del diccionario y los periodistas al escribirla siempre, en principio, cometieron errores.

Y si yo mismo estoy aquí festejando la décima convocatoria a nuestro seminario sobre la obra de Sigmund Freud, cayendo en la trampa de cuya única salida, la interpretación, se me ha hecho responsable, habrá de querer decir que más allá donde cada uno de ustedes, para recorrer en buen estado el camino, se vaya consiguiendo un psicoanalista personal y que, por otra parte, la Escuela tendrá sus propios psicoanalistas, el psicoanalista de la cuestión Cero soy yo.

Y no salgo de la trampa por decirlo, sino que me sumerjo en ella.

Porque la cuestión Grupo Cero es psicoanálisis pero también es poesía y es por eso que no quisiera molestarlos hoy con mis reflexiones, pero haberme elegido para que os inaugure en un saber que precisamente, por no sabido, es que se sostiene, no habrá sido simplemente para demostrar que una palabra al ser dicha cae automáticamente en el vacío de lo no dicho, ni siquiera para demostrar que en la trampa del inconsciente todo ser parlante cae.

A mi entender han tratado de averiguar si algo en mí se ha modificado esta última década y entonces os diría que el: Todo para todos, de hace diez años se ha transformado en: Algo para quien sea capaz de producirlo y así, estaremos todos mucho más cerca de la enseñanza freudiana.

Abriendo, ahora, delicadamente la cuestión, Freud aconseja psicoanalizar ciertos prejuicios antes de entrar en la teoría psicoanalítica, haciendo como hacemos, forzando las palabras, podríamos decir que la teoría psicoanalítica es sólo para personas que se psicoanalizan.

Y no habríamos exagerado mucho la frase de Freud que en última instancia donde él la pronuncia es para llamar la atención sobre los problemas sexuales inconscientes del candidato a conocer su obra.

Realidades inconscientes, dice Freud, que operarían de resistencia a la comprensión saludable de los textos psicoanalíticos.

Posiciones narcisísticas del sujeto que lo llevan hasta la exterminación de una frase o su contraria, por no poder soportar lo que esa frase anuncia para él mismo.

En pocas palabras, aquietada la envidia, dominado el asco por la existencia en el mundo de otras personas además de mí mismo, elaborado un gran porcentaje de los celos como deseo y aceptado que aunque lo conozca todo, que es imposible, no lo podré tener.

Recién, ahora, dice Freud, podré dejarme llevar por la mano del inconsciente en los textos psicoanalíticos.

El deseo en Freud tiene que ver con la transmisión del psicoanálisis en la fórmula sencilla que ya podemos decir sin ignorancia:

El deseo en Freud es la transmisión del psicoanálisis.

Una fórmula sencilla abierta a la polémica y abierta también a miles de frases posibles de ser articuladas en la falta de sentido del deseo.

En la falta de sentido de la vida del hombre moderno, a menos que el sentido sea buscar la felicidad que es imposible y de hallarla no estaríamos preparados para gozarla más allá de nuestro deseo.

Deseo inconsciente que funda y regula toda nuestra actividad en sucesos del lenguaje, para decirlo con mayor certeza, la vida del sujeto condensada en un hecho de las palabras entre sí.

El sujeto no es ninguna de las palabras sino el puente indeciso de sus conjugaciones.

El psicoanalista al igual que el poeta es un diestro sin manos, sus voces son instrumentos de alguna de las tomas de lo Otro.

A esta altura cualquiera de vosotros podría intentar decir que una teoría así merece ser vivida, pero es precisamente de eso de lo que quiero hablar antes de cerrar este latido para que dé comienzo la temporada.

Sería conveniente que se vayan curando de esa intensa pasión por vivirlo todo ya que todo, si del psicoanálisis se trata, tiene sus límites en los límites propios de una conversación, donde si bien se me podría decir que ambos participantes de la conversación padecen de lo mismo (los efectos inconscientes en el *simple hablar*) a mí se me ocurre que el mismo padecimiento es llevado a cabo en diferentes estilos.

Uno es el psicoanalista, otro el psicoanalizando.

Uno compra, el otro no tiene para vender sino su tiempo.

El riesgo lo corre siempre el psicoanalista, el que paga es el que se psicoanaliza.

Cuando la conversación finaliza, el psicoanalista, en general, sigue siendo psicoanalista.

Lo que no queda de ninguna manera asegurado es que el que se psicoanalizaba al finalizar quede transformado en psicoanalista.

Quiero dejar claro que, para desear y transmitir, no ha de alcanzar la sencillez del habla ya que si bien por ésta entramos en el juego, el habla no es historia a menos que la escriba y ella misma, por serlo, ya estaba escrita.

# POESÍA Y PSICOANÁLISIS

Santander, 1990

Comienzo sabiendo de antemano que no podré ponerlos al tanto, en un solo encuentro de una hora o algo más, de la verdadera apertura producida en el mundo del pensamiento, en la clínica psicoanalítica tanto como en su transmisión y, porqué no decirlo, también en la poesía, por el nuevo campo que se produce en la escritura del Grupo Cero.

Entre las certidumbres de otras ciencias hemos elegido la incertidumbre de la disciplina psicoanalítica, siempre amenazada, en definitiva, hemos elegido la incertidumbre de no saber: El hombre vive desgarrado en su ser, algo así como una vertiente lumínica con varios focos apagados.

Y como poetas preferimos que nuestras palabras estén más cerca de la sangre que de las palabras.

Diluir, pretendo en este recorrido, diluir el dinosaurio de vuestra angustia.

Pero yo no he venido, precisamente, a producir una conferencia sobre psicoanálisis, aunque hablaré de ello y, tampoco, he venido a ofreceros un recital de poesía, aunque reconozco que en el transcurso de la charla, algún poema habré de leer. Tampoco he venido a discriminar, precisa y teóricamente, la función poética y ni siquiera a declamar conceptos psicoanalíticos como si fueran versos.

He venido, sin embargo, por la apuesta que significa para mí salir airoso cada vez que me sumerjo en lo imposible.

Ya que de lo imposible se trata cuando queremos ponernos en contacto con lo real, sea éste poético o inconsciente.

Antes de nada, podríamos decir que cuando todo está destruido o es imposible, la única posibilidad es poética, frase que nada tiene que ver con que un verso pueda ofrecernos alguna posibilidad cuando todo está destruido o se ha hecho imposible. Sino más bien que llegados a este límite, de animarnos, es en el abismo creativo de lo poético donde seguramente al hundirnos en él, una nueva posibilidad se abra para nosotros.

No es un verso el que nos salva, sino la poesía como un verdadero instrumento de conocimiento post-Spinoziano, que modifica para transformar en otra cosa la realidad que lee. Es en este tiempo, donde podremos buscar el primer gran encuentro entre la interpretación poética y la interpretación psicoanalítica. Casi sinónimos o, mejor dicho, como esos sinónimos que aun tocándose no llegan a parecerse del todo.

Animándonos un poco más aún, podríamos decir, reconociendo en ello otro de los tantos encuentros posibles, que tanto poesía como interpretación psicoanalítica no sólo son una apertura al mundo de lo Otro, sino que ambas tienen como función desrealizar, es decir, hacer la realidad del sujeto relativa a la mirada del mundo.

Cuando uno conversa y esto, aunque no se vea claramente, terminará siendo una conversación, es bueno irse por las ramas, rodear el árbol, dejar que el paisaje en su totalidad se pierda y ocuparnos, sencillamente, de las hojas caídas a nuestros pies, es por eso que me pregunto si hay o no hay una historia propia del conocimiento o si bien la historia del conocimiento es para el hombre la única historia humana.

En la intención no de afirmar mi discurso sino, más bien, diluirlo y por otra parte ejemplificando, diré que antes de la producción del Número Natural, en el mundo terráqueo, antes de la operación formal suma, el símbolo humano quedaba reducido a lo proveniente de Dios y lo que del Verbo divino se trasmuta en metáfora poética. Tiempos donde el concepto de verdad no podría ser otro que el de verdad revelada, donde verdad es lo que se muestra en su estructura más profunda, más valedera, más absoluta, última, pero a pesar de eso es la experiencia sensible la que regula dicha verdad, ya que la verdad se trataría de descubrir a través de lo sensible y de las ilusiones sensoriales, el secreto, el misterio que anida en todo campo de la realidad. Y siempre se requieren ciertas condiciones para que lo que es se muestre. Esto, viniendo de San Agustín, tiene su expresión moderna en la filosofía de Heidegger que termina diciendo que verdad es mostración, presentación, descubrimiento. La realidad como la verdad son la palabra de Dios.

En la realidad la palabra de Dios permanece misteriosamente oculta y en la verdad, la palabra de Dios es palabra revelada que una vez descubierta se muestra siendo la realidad, porque realidad y verdad son para Dios y para casi todos los filósofos contemporáneos, el mismo verbo.

Después, como decíamos, las ciencias nacientes (aritmética, geometría y luego la física) determinan el desarrollo de una nueva concepción de la verdad y por lo tanto, si ustedes se animan a pensarlo, una nueva concepción de la vida del hombre.

El primer planteo que se cuestiona la verdad define el campo de la verdad en una relación. La relación del conocimiento y la realidad a nivel de existencia, es decir, la relación entre el pensamiento y la existencia. Y sobre estos dos momentos se trabajan todas las soluciones de la verdad. Se prescinde de definir esa doble instancia, la real y la del conocimiento, para después definir en distintos términos contradictorios tesis que afirman la existencia de lo real, o bien, tesis que suspenden la consideración de la existencia de lo real, o bien, que afirman la preeminencia del pensamiento.

Este primer planteo proviene de la filosofía antigua y allí se consideraba la caracterización de la verdad como un problema relacional. La relación del conocimiento (como proposición o como juicio) y los contenidos reales. La verdad resultaba de la relación de las proposiciones y su contenido o su referencia intencional o su conformidad o no conformidad con lo real.

Aristóteles dirá, negar lo que algo es supone falsedad, lo cual también dice que verdad es afirmar lo que es, pero resulta que este «es» de Aristóteles remite a la experiencia, es la experiencia la que tiene que convalidar el valor de la verdad y es aquí donde se abren todos los criterios contemporáneos de verdad, todas las esencias actuales de la verdad. Esta primera verdad en función de una relación de conformidad abierta por Aristóteles e iniciada por Platón, tiene su culminación en la filosofía escolástica que es la que acuña las fórmulas definitivas de la verdad.

La verdad es adecuación del intelecto a la cosa.

La verdad es adecuación de la cosa al intelecto.

Y una fórmula de conciliación: la verdad es adecuación del intelecto y la cosa.

Y ahora para modernizarnos aún más sin llegar a la verdad, si se afirma la preeminencia de lo conocido (en la fórmula anterior, la realidad) tenemos la fórmula del objetivismo. Si se afirma la preeminencia de las elaboraciones intelectuales, tengo la fórmula del subjetivismo. Si defino estas dos fórmulas ahora tengo posibles soluciones de interaccionismo o de conciliación, el intelecto determina la realidad pero la realidad determina el intelecto y así tendríamos en apariencia una fórmula simétrica, ese interaccionismo se encuentra en las filosofías más modernas.

Y es que la:

Verdad es revelación.

Verdad es adecuación.

Verdad es coherencia.

Verdad es conformidad.

Verdad es lo útil.

Y sin necesidad de preguntarnos por la verdad verdadera, apuntaremos que para Freud la verdad no es adecuación, no es relación, no es revelación que surge allí ni tampoco es el acuerdo con un sistema, sino que verdad para Freud, redefinida desde construcciones en psicoanálisis, es proceso.

Es decir, que para definir una teoría más integrada de la verdad es necesario reformularse la filosofía, que hoy no vamos a hacer eso, pero sí señalar al psicoanálisis como la ciencia piloto en la redefinición de la filosofía y hacernos, ahora, ya que estamos conversando, una pregunta. ¿Qué relación tienen los procesos legales de las estructuras materiales con las elaboraciones del conocimiento científico? Al hacernos esta pregunta, tenemos que saber que intentamos pensar lo impensable en los términos de todas las proposiciones filosóficas anteriores.

¿Cómo el conocimiento va a poder entrar en la realidad?

¿Cómo nuestro conocimiento de la mesa va a entrar en la mesa?

El conocimiento entra en la realidad cuando dispongo del proyecto que la produce. Es decir, que nuestro conocimiento de la mesa entra en la mesa cuando el carpintero tiene el proyecto que la realiza. Estas nuevas aproximaciones plantean un tiempo donde el ser del objeto, producto efecto de un proceso de trabajo, es simultáneamente materia y al mismo tiempo, razón.

Y no, precisamente, porque una teoría haya ido caminando a meterse en el propio corazón de la materia prima para encontrar la verdad, sino que la verdad, por fin, es producto efecto de un proceso de trabajo. Y esto como vemos es un nuevo materialismo que, si nos olvidamos de la ciencia de la historia, Freud abre con la teoría del inconsciente. Donde la dialectización de este tipo de verdad está puesta por el error, la verdad surge, entonces, de la rectificación de los errores y ésta es la fuente fundamental de la producción de la verdad, tanto psicoanalítica como poética. Y ahora pareciera que a algún sitio hemos llegado.

Ir por las ramas ha hecho que las ramas produzcan sus frutos. Yendo por la rama que abre la verdad parecía que estábamos buscando uniones transcedentales entre la poesía y el psicoanálisis y el resultado ha sido muy otro, ya que el sencillo concepto de trabajo es el que nos abre las puertas del campo: Poesía y Psicoanálisis, que por otra parte produce una escritura que, como todos sabemos, es el resultado de haber procesado una lectura.

Leer y escribir parecen ser las invariantes del campo que nos convoca y leer, lo que se dice leer, tiene sus vueltas. Antes de dejarnos llevar por las vueltas que producen las diferentes maneras de leer, y como descanso de nuestras mentes para poder continuar con nuestros ejercicios intelectuales, les contaré un cuento entre árabe y supermoderno donde se ve claramente que saber y vida, nunca estuvieron unidos.

Un matrimonio de prestigio, los reyes por ejemplo, no pueden tener hijos. Un día pasa una especie de viejo, sabio o mago, y les da algunos consejos y yerbas para que se produzca el embarazo, pero con la promesa que el niño a nacer, al cumplir 20 años, debería ser entregado al viejo o sabio o mago. El embarazo se produjo y el niño nació, al nacer la preocupación de sus padres fue hacerlo vivir oculto para no dárselo a los veinte años al sabio, viejo o mago, pero éste descubre el escondite el día que el niño cumple 20 años y se lo lleva hasta una montaña donde hay una puerta y le dice: «es sencillo lo que te pido, yo abro la puerta tú entras y caminas derecho y en el centro del pasadizo que se abra en la montaña está la piedra del saber, tú debes cogerla y traerla, ten cuidado con no desviarte de tu objetivo, porque la puerta se cerrará detrás de ti y yo tengo poder para abrirla, pero sólo tres veces.»

Para abreviar, diré que el muchacho se distrajo tres veces: por una ilusión, por una mujer y por el oro (es decir, la vida en carne viva lo distrajo). Se cerró definitivamente la puerta de la montaña y la piedra del saber desapareció, el muchacho, primero se entristeció un poco y luego comenzó a caminar y llegó a un pueblo y se casó con la princesa y tuvo muchos hijos. En el otro lado de la montaña el viejo, sabio, mago, representante del saber, agonizaba.

Espero que comprendan que no me siento ni sabio ni mago ni viejo y que no tengo pensado llevarlos a ninguna montaña a buscar ninguna piedra del saber, pero en el caso que así fuera, la puerta que yo pretendo abrir esta noche no soy yo el que la abre, sino que es ella misma que late. Se abre y se cierra permanentemente y uno, poeta o psicoanalista, entra en ella cuantas veces se produzca el latido y sin embargo el saber tampoco se halla y de hallarlo, dejaría de serlo.

Y para retomar la apuesta, diré que es en este lugar donde lo imposible puede ser tocado sin dejar de ser imposible por la poesía o la interpretación psicoanalítica. Hechos que, no pudiéndose producir fuera del lenguaje, no son el lenguaje sino precisamente aquello que del lenguaje perdura como historia.

Antes de terminar, para dejar paso a vuestras inquietudes intentaré seguir por una rama que sé de antemano, ofrecerá sus frutos y esta rama es el tiempo.

Hoy la ciencia pasa por ser la disciplina que procesa teoría, procesa descubrimientos de fenómenos, procesa la determinación de leyes, generalmente, culmina, se concentra en cálculos.

Así abruptamente se puede hacer la mención de si el psicoanálisis, si la poesía es cálculo, de si la experiencia analítica, la experiencia poética son susceptibles de cálculo y si este cálculo es, en caso negativo, una condición esencial de las ciencias.

Si es cálculo es porque hay un orden y si hay un orden la esencia del tiempo está caracterizada sobre un canal que viene de las primeras teorías filosóficas, de la teoría aristotélica del tiempo. Tiempo como medida de un transcurso y su dirección es que, viniendo desde el pasado, pasa por el presente para alcanzar el porvenir.

Si el tiempo es lo medible, lo contable, lo contínuo, entonces el inconsciente y la poesía no tienen tiempo. El tiempo físico de los cronómetros no explica el tiempo de la experiencia analítica, de la experiencia poética, porque el tiempo de estas experiencias es un encuentro pluridimensional donde el famoso presente es señalado como tal desde el futuro y no es ningún pasado que determina el futuro sino que, precisamente, el pasado se forja material desde el futuro.

El tiempo deja de ser continuo porque ahora late en cada latido del inconsciente, porque el tiempo (psíquico, poético) no transcurre ni cuenta, sino que es materialidad de la existencia de lo imposible.

Y ahora, espero no ser arrasado por el fuego de tanta libertad.


Cabalgando sobre la voluptuosidad de mi cuerpo, abandonado,
recorrí esta parte del mundo, allende el mar, allende las
                                            [montañas.
No era una línea de ficción queriendo tocar el horizonte.
Era el horizonte mismo, la línea del horizonte que no se ve.
Soy, Poesía y Psicoanálisis, una burbuja alejada de toda
                                            [revelación.
Una perfecta roca despiadada, hundiéndose sin emociones
                                           [aparentes,
en la emoción del habla.
Lo que pudiendo ser, está callado, roto.
Al caer, sabe que no habrá fondo y, sin embargo, cae.


Sujeto a mis propias experiencias con el lenguaje no me pertenezco, ni vivo, ni muerto, estoy a mil kilómetros de profundidad, hacia el centro de la tierra, porque me toca romper definitivamente el equilibrio.

Cuando todo se olvide, aún, quedará vibrando en la memoria del tiempo esta perla: Busco después de haber encontrado lo mismo, para transformarlo.

La fuerza que me atribuyo no es ninguna fuerza. Es una nueva dimensión del tiempo, del dinero, del sexo, de la muerte. Algo de todo eso no quiero para mí y si puedo «eso no», el resto es fácil.

Soy la espesa compuerta que habla de la muerte. La potente muralla que separa la vida del poema. Minúscula presencia iluminada del lenguaje, un punto blanco, luz desesperada de vacío. El rictus de los enamorados al gozar.

Y ya lanzado en el final de este encuentro, os digo: Hoy día donde tantas revoluciones fracasan es cuando declaro para todos nosotros que el desorden es contrarrevolucionario.

Virtud de todo sistema social actual es ocultar, sistemáticamente, todo aquello que pueda mostrar alguna posibilidad de transformación del sistema. Y dichos sistemas imponen a todo creador, para no dejarle ver lo que es capaz de transformar, el desorden. En apariencia, comodidad creativa pero en verdad, espesa cortina de humo sucio sobre todo lo que nace para crecer diferente.

Y nosotros debemos confesarlo: fuimos drogadictos del desorden. Por un poco de desorden éramos capaces de dar la vida misma, hasta llegaron a pagarme algún dinero con la intención de que eso produjera algún desorden en vuestra alma, en vuestra manera de pensar, en vuestro bolsillo.

Y hoy que habéis conseguido todo el desorden, ahora os digo: así no se puede vivir. No hay pasos importantes en la vida para quienes no son capaces (por el desorden) de saber quién es la palabra. Dónde están esas palabras. Dónde aquellos escritos. Dónde esa experiencia. Dónde esos libros publicados. Dónde la vida de cada uno. Dónde los maestros. Quién el deseo.

¿O acaso basta escribir un solo poema para que todos los levantadores de pesas se transformen en poetas?

Y desorden no es sólo humo, también, es envidia negar la existencia de lo producido, porque no se lo encuentra o no se lo ve. Y es por eso que me animo en este final a seguir diciendo estas palabras donde pienso dejar sentado, de manera contundente, un psicoanalista en vuestras mentes. Algo psíquico, en nosotros, que nos diferencia dentro de las comunidades psicoanalíticas, como Grupo Cero.

No está permitido matar, no está permitido morir. No está permitido, no lo está, hacerse el poeta, hacerse el psicoanalista.

Y no está permitido, en ningún caso, separar el símbolo del cuerpo. No está permitida ninguna sexualidad fuera de la palabra y esa será nuestra ideología.

                                                   

Explico, una vez que consigamos rechazar la estupidez, la desidia y una vez que hayamos conseguido superar el desaliento que todo sistema produce en sus creadores para inhibirlos y una vez que consigamos que nuestro cuerpo no pese nada, entonces, comenzará nuestra verdadera historia. Y seremos valientes para enfrentar lo que nos toque y sentiremos que lo que está pasando, en realidad, está pasando.

No al desorden, quiere decir entonces que somos capaces de atribuirnos la capacidad futura de rasgar esos caminos que forjarán nuevas historias, nuevas civilizaciones.

Hemos aprendido que la bestia de la poesía no puede ser saciada por ningún dinero (aunque su confort sea el más alto) ni por ningún sexo (aunque su promesa sea la más bella) por eso decidimos que la bestia no habrá de morir. La poesía nos acompañará hasta el final y nada de versitos, porque la poesía es una manera fuerte de vivir en el mundo, una manera valiente de los terráqueos de mostrar a lo infinito, lo que habrá sucedido.

Queda claro que si estará hasta el final, tendrá que estar en el principio y eso es el orden que vengo a proponerles: El orden poético, la jerarquía de una lectura poética que no pueda ser comprendida sino por aquellos a quienes esté dirigida.

Una lectura que no sufra las deformaciones perversas que los poderosos producen en las lecturas que comprenden.

Una lectura cuyo procesamiento produzca una escritura nueva que señale, de un modo definitivo, que en este siglo algo ha pasado: Poesía y Psicoanálisis.

Antes de despedirme quiero recordarles, para que después vuelvan a olvidarlo, que formarse como psicoanalista y/o aceptar que un poeta viva en nosotros, son dos bellas tareas que muy bien hacen a la humanidad, pero debe saberse que son tareas para toda la vida y donde, toda la vida, cada vez, se pone, toda ella, en juego.

Y eso es la vida de un creador: una vida para otros.

Tomo el camino de mis versos y ya nadie me podrá decir que no he cumplido.

Alguna mujer amará ese delirio y se hundirá levemente, por mí, en la muerte.

Yo ya no cantaré y, sin embargo, aún habrá canto, aún habrá voces en mi voz.

Y cerraré mis ojos y no podré detener el mundo de la luz y el fuego vivirá. Y es el nuevo continente el que murmura aunque lo diga yo.

Hubo águilas en mi voz, hubo dolor en llamaradas.
Aquí, la muerte. Aquí, la soledad, hubo en mi vida.
Cubriéndolo todo, un amor gris, distantes amapolas.
Voraz adormidera, espejo del alma caído de las sombras.

Ahora por fin puedo decirlo: no estoy desesperado y, esta vez, no habrán de detenerme habladurías ni algún culito tonto que se me cruce en el camino. Esta vez no habrá límites para mi libertad.

Sin sonidos, sin ecos, corregiré toda la historia.

# EL PAPEL DEL COORDINADOR
# EN LOS TALLERES DE POESÍA

(Berlín, 20-23 de octubre de 1994)

## 1.  ACERCA DE LO GRUPAL

Freud en 1920, en Psicología de las masas y análisis del yo, abre una nueva dimensión, un nuevo decir sobre lo grupal. Plantea que no hay diferencia entre la psicología individual y la psicología social o colectiva. Siendo, para Freud y para nosotros, la psicología individual, al mismo tiempo y desde el principio, psicología social. Esto es así porque el otro, como semejante, forma parte de cada uno ya sea como modelo, como auxiliar o como adversario. Esto quiere decir que todos y cada uno somos masa y somos individuos singulares.

Como grupo repetimos el primer grupo al cual pertenecimos: el grupo familiar y como masa repetimos la forma más primitiva de sociedad: la horda primitiva.

Y no es necesario integrarse en una aparente multitud para que se ponga en acto la psicología de las masas, pues sabemos que se puede hablar de colectividad de dos personas, baste como ejemplo la relación de los hijos con los padres, la relación con la persona amada con los amigos.

Freud en el trabajo mencionado diferencia entre multitudes efímeras y duraderas, homogéneas, naturales y artificiales, además de sus posibles combinatorias. Sin embargo, la estructura que mantiene el vínculo y, también, lo que cohesiona es siempre lo mismo que denominamos estructura libidinal. Freud al producir la noción de libido subvierte la noción de sugestión y determina que es por el amor, por miedo a perder el amor, el amor de los otros, que el hombre llega a una cierta renuncia de sus propios deseos personales y su realización inmediata, siendo de esta manera el amor el medio por el cual el ser humano entra en la cultura.

Freud cuando nos habla de la identificación como una categoría estructurante, se detiene con la misma intención e importancia en tres modos de identificación o tres formas de enlace afectivo con «el otro» que producen transformaciones tales en el sujeto que constituyen, en él, lugares claves de su estructura: El Ideal del Yo, el objeto y el deseo.

Freud, también, nos aporta las patologías de la identificación. Todas las identificaciones van a ser posibles después del acontecimiento de la identificación primordial que produce la formación del Ideal del yo (que posibilitará todas las relaciones con el otro sexo, cuando el objeto amoroso ocupe el lugar del Ideal del yo) y la formación del yo (que posibilitará todas las relaciones con el mismo sexo que el sujeto, cuando el objeto amoroso ocupe el lugar del yo). La misma identificación que nos permite constituirnos como sujetos del deseo nos va a permitir, también, identificarnos al síntoma del otro, produciendo la estructura clínica de la histeria o bien aquella identificación que nos permite la identificación narcisística, también, nos permite identificarnos con el objeto perdido produciendo la estructura clínica de la melancolía.

En la identificación colectiva o en la grupal se ponen en juego los tres tipos de identificación y no por ello los elementos que forman el grupo pierden su individualidad, sino más bien, se multiplican las diferencias entre los integrantes ya que cada uno se identifica en grado diferente.

Pienso que en este momento de la conversación sería bueno remarcar que, sabiendo que el hombre no es un animal gregario sino un animal de horda, es decir, esclavos buscando amo, más que sed de libertad tenemos sed de ser dominados, por eso que en la mayoría de los casos fraternizar siempre acaba en disgregación, siempre en atentados contra la libertad. Por eso función primordial y, a veces, única del coordinador, es hacer entrar al grupo en la dialéctica del deseo inconsciente donde ningún amo es absoluto, ni siquiera la muerte, ya que la paradoja de lo imposible que plantea el deseo pone en cuestión toda armonía, toda circularidad, toda dependencia que no esté regida por el significante.

Ya que en el orden del significante no sólo la carencia del hombre es la misma que la carencia de la mujer, sino que la carencia del esclavo es la misma que la carencia del amo.

En definitiva, para la dialéctica del deseo la propia poesía no pertenece a nadie, es decir, cualquier ser parlante puede caer en la ilusión de poseerla y esto puede resultar de suma importancia para el desarrollo de los talleres de poesía.

## 2. EL DISPOSITIVO GRUPAL

El dispositivo grupal es un instrumento imprescindible allí donde es necesario agruparse para producir una tarea.

El coordinador con su sola presencia propicia el despliegue del discurso grupal.

En lo grupal no se trata de invertir las jerarquías, sino de una organización circular donde el coordinador imparte una enseñanza que induce a engendrar trabajo en cada integrante. La condición será que los que se sometan al dispositivo grupal estén dispuestos a trabajar sin que necesiten una cualificación previa.

El malestar en la cultura que el estado de creación conlleva, introduce a cada elemento del grupo en una temporalidad donde reina la angustia y como todos sabemos con la angustia hay que saber arreglárselas, ya que la angustia como tiempo puede dar paso al abandono en el placer de la inercia que conduce al enquistamiento del pensamiento y al padecimiento de la angustia en el propio cuerpo del sujeto o bien la misma angustia señalando, solamente, el abismo que nos separa de nosotros mismos cuando creamos nos sumerge, sin más, en la algarabía de la creación.

La puesta permanente en cuestión de todo pensamiento grupal ha de ser una constante del funcionamiento para mantener alejado al grupo de la comodidad intelectual que las apreciaciones de los sentidos sensibles indican.

Un pensamiento que reclame la zozobra de todo pensamiento es en verdad el primer paso en el camino de lo poético.

Así, sin pensamientos previos, la voz y la mirada pondrán en escena significantes que al ser escuchados por el coordinador generarán el sentido de la experiencia y esto es de vital importancia remarcarlo, que sin la escucha del coordinador la voz sólo produciría parloteos sin sentido y la mirada no abandonaría nunca el campo de la oscuridad.

Es decir, que la escucha del coordinador permite que voz y mirada, como funciones, constituyan sus campos respectivos abriendo dimensiones, mansiones del dicho, que darán a ver un producto sin entrar en la dialéctica de los órganos perceptuales que la hacen posible, el ojo, el oído. Serán otra cosa que lo visto y lo escuchado, pues el coordinador situado en el lugar de causa del deseo, hará entrar a cada elemento del grupo en una búsqueda donde se pondrá en juego, más allá de todo sentido, dar a oír, dar a ver.

Entrar en la dialéctica del deseo inconsciente será producir un goce tal que sea condición de creación no sólo artística, sino creación del instante en lo cotidiano y, para que esto sea posible, la puesta en acto de la diacronía parlante del hacerse oír de los elementos del grupo debe ser escuchada por el coordinador en su sincronía significante.

Sabemos que nadie es en soledad, nadie es en individualidad, por eso que podemos decir que hasta los síntomas se constituyen en el seno del lenguaje. Y no se trata de hablar, dar a oír, mucho o poco sino que la escucha del coordinador haga entrar en el juego del parloteo las paradojas pulsionales.

Lo diremos de una manera sencilla y directa: si se trata de escribir, identificarse al síntoma de la escritura será poder hacer del síntoma un goce, pervertir la situación hasta tal punto que sea casi natural, mientras la escritura sea el síntoma, gozar de ello.

Y cuando hablamos de goce, hablamos de un placer con paradoja de vida y muerte. Cada poema, cada creación, para serlo, tendrá una apariencia de final aunque siempre recomience, habrá puntos, caídas, espacios de silencio.

Cada integrante, cual un planeta, girará en torno del agujero significante que es lo grupal, a la par que rota sobre su eje, participando en la vía de desarrollo de todos los presentes en tanto camina por su propio camino de creación.

Se tratará de entrar en una dialéctica tal donde los lazos temporales que plantea un grupo puedan llegar a ser vividos como lazos de sangre y esto sólo es posible en una dimensión más allá de los vínculos familiares, más allá de ser ese ciudadano de ese Estado, más allá de la clase social en donde he sido socializado y, fundamentalmente, más allá del placer de la inercia de lo conocido.

Toda experiencia poética es sorpresiva e imponderable sobre todo para quien la genera.

## 3. LO GRUPAL EN LOS GRUPOS DE CREACIÓN

Un grupo siempre es una máquina imposible de ser imaginada, por eso sus efectos van más allá del número de elementos que lo forman y más allá de las características singulares de cada uno de sus elementos.

Un grupo, si lo es, inventa en cada encuentro nuevos sentimientos y nuevos espejos, sentimientos y espejos grupales que siempre incluirán la asimetría, nunca lo armónico o lo especular.

Otra característica del grupo es que está fuera del tiempo, en tanto es una máquina siempre en funcionamiento, es por eso que lo puesto en acto en la producción grupal es el tiempo de todos sus elementos.

Un grupo en sus muestras más altas de funcionamiento puede ser definido por un encuentro entre personas que no se creen a sí mismas y cuya creencia fundamental son las palabras que todavía no han sido pronunciadas.

En los talleres de poesía, cuando por fin el grupo se produce como tal, su funcionamiento queda atravesado durante toda la experiencia por tres tiempos:

a) Los amaneceres o tiempos de la producción.

b) Los días o tiempos de las historias.

c) Las noches o tiempos de los sueños.

En los grupos denominados talleres de poesía, en principio los elementos del grupo pondrán en acto la parcialidad del universo que conocen, aportando al funcionamiento grupal los poetas que ya conozcan antes de la experiencia; poetas que quedarán relativizados cuando el coordinador interprete trayendo otros poetas desconocidos por el grupo

El grupo organizará el canje y la difusión, también producirá un simulacro de revista y recitales de poesía.

Durante este momento grupal, los amaneceres pueden darse correlativamente, como están indicados, pero lo habitual es que estos tiempos se den simultáneamente y sin ningún orden aparente. Será tarea del coordinador interpretar cuál de todos esos tiempos es el bien decir del grupo, en el momento apropiado, la palabra apropiada.

Los días o tiempos de las historias, si bien se irán dando consecutivamente, es función del coordinador interpretar las reminiscencias (léase integrantes fijados a días anteriores) y, además, deberá interpretar los saltos al futuro (léase integrantes desplazados por el grupo a días futuros).

Las noches o tiempos de los sueños, su secuencia no se puede saber de antemano, ya que su programa queda inscripto como el propio camino del deseo grupal. En principio estos tiempos son producidos por el grupo leyendo a poetas consagrados, más adelantada la experiencia de la misma escritura de todos los integrantes será la coordenada de producción de los propios deseos grupales.

En un grupo de creación (taller de poesía) además de la tarea grupal (en los encuentros que suelen ser semanales o en reuniones prolongadas durante todo el día una vez por mes), que en todos los casos consiste en la producción del grupo, los integrantes fuera del tiempo grupal deben realizar actividades:

1) escribir una carta todas las semanas;

2) escribir un poema todas las semanas;

3) conocer y llevar al grupo un nuevo poeta todas las semanas.

1.—CARTAS:

a) Las cartas en principio irán dirigidas a las secciones de los diarios de la región, halagando o criticando alguno de sus artículos.

b) Las cartas de los integrantes tendrán que ir dirigidas a otros integrantes o al coordinador, que éste contestará o comentará en el tiempo del grupo.

c) El integrante, por fin, mantendrá correspondencia, nacional e internacional, con poetas y revistas de poesía.

2.—POEMAS:

a) En principio se considerará poema todo escrito que tenga en la parte superior de la página, encabezándola, la palabra poema.

b) El integrante intenta, antes y después de leer el escrito, su ubicación en los probables estilos.

c) El autor, el grupo y el coordinador, opinan sobre el escrito. En este tiempo grupal el autor puede tomar las opiniones grupales y modificar el escrito o bien puede no tener en cuenta, como válidas, las opiniones grupales, sin necesidad de defender sus argumentos.

3.—CONOCER LA OBRA DE UN POETA Y LLEVARLA AL GRUPO:

a) Lo que me impresiona o fundamentación emocional.

b) Lo que entiendo o fundamentación argumental.

c) Lo que amo o fundamentación histórico-social.

La lectura de poemas tiene que poder lograr cierta simultaneidad entre poetas de distintas escuelas o estilos y diferentes épocas históricas.

Ya que la poesía no padece de las miserias del tiempo cronológico y su valor está por fuera del valor de uso y lejos, muy lejos, del valor de cambio, ya que como sabemos la poesía, en su diferencia radical, no equivale a nada posible.

Su esfera de acción, el advenimiento, no se puede usar ni vender pero, sin embargo y no es vano decirlo, ella, la poesía, sólo cobija en su seno a los grandes trabajadores.

Devoradora y sangrienta sólo ama el tiempo del pequeño hombrecito que la escribe, que en esa renuncia de no ser, sino la perpetuidad de la poesía, ella se abre grandiosa al universo y el ser del poeta, por un instante, es ese goce.

## 4. ¿GRUPO O ESCUELA? ¿GRUPO Y ESCUELA?

Si un intento de discusión moderna es entre la obscenidad (fuera de escena) imaginaria de los grupos y la fina pulcritud de las instituciones denominadas escuelas, yo que conozco la delicada hebra permanente de obscenidad que cruza toda escuela, ya que dirijo una y que, por otra parte, conozco la blanca capacidad creadora que cruza todo grupo en tanto lo soy, algo tendré para decir. Y eso que tengo para decir es muy sencillo ya que en realidad, como ocurre en la tragedia y la comedia, uno no es sin lo otro.

Hay un marxista en mí que hay que buscarlo, es decir, que cuando se trata del marxismo la interrogación se juega a nivel de una investigación científica.

Hay un poeta en mí que se muestra, esto quiere decir que es la obra poética la que va produciendo al poeta.

Y en mí, aún, hay un psicoanalista que no es, quiere decir que no se trata de un ser, sino de una posición en el discurso psicoanalítico.

Me propongo como portavoz de esa triple articulación, combinatoria que reúne las palabras necesarias para intentar una transformación.

Quiero decir, un coordinador es una construcción, en este caso, esa triple articulación de investigación, arte y ciencia, propuesta para la transformación, en tanto es en el movimiento de las transformaciones donde se produce la creación científica o artística.

Goethe nos dice que la gente se había olvidado que la ciencia se originó en la poesía. La poesía, el arte en general, tiende a crear lo nuevo que luego la ciencia tiende a probar.

Instrumentos de labranza y claro está que pido autorización para llamar así a estos sucesos del pensamiento. Y sintiéndome autorizado por mi frase anterior, instrumentos de labranza que en su acción transformadora incluyen al sujeto en la transformación, ya que actúan sobre lo que al sujeto determina. Puesta en acto de una temporalidad que se juega en Otra escena donde el sujeto es pura determinación de dos invariantes sistémicas del orden del conocimiento (la determinación psíquica y la determinación social o también llamada de clase) y una imposición variable del orden del saber inconsciente: la ideología.

Y no quisiera llamar la atención con mis explicaciones, pero ahora digo que el psicoanalista que no es en mí, habrá de ocuparse de lo que casi no es (el inconsciente ) y, sin embargo, sobredetermina el devenir del sujeto psíquico.

Que el marxista que se debe buscar en mí para que lo tenga, se trata de nuevas formas de aproximación a los textos y a las realidades producidas por esos textos, que nos permitan pensar algún grado de libertad para el hombre futuro.

Y el poeta que se muestra en mí, esa es la novedad que quiero presentarles, ya que la poesía como productora de advenimientos puede llevarnos al centro mismo del mecanismo de acción de los modelos ideológicos (que el psicoanálisis muestra su existencia como inconscientes) y a la vez la poesía nos acerca un modo de lectura de los fundamentos inconscientes de la ideología: forma de vivir de los ciudadanos, forma de pensar, de amar, de maldecir de los gobernantes.

Y cuando hablo de poesía no hablo de versitos. Nada de versitos, la poesía es una manera fuerte de estar en la vida, la poesía se encarga de contarle al mundo futuro, a otros mundos, lo que fue, lo que será. Así que nada de versitos, dura roca indeleble, historia material del acontecer terráqueo.

Y aquí entra la cuestión de lo grupal, pues no es posible la articulación de ningún nuevo pensamiento ni ningún pasaje a la práctica transformadora, fuera del tiempo grupal.

Y para que haya tiempo grupal, hay que serlo, entre otras cosas porque no hay tiempo terráqueo si previamente algún hombre no cede un paso de su ser para ser del tiempo, llámese histórico, social o psíquico.

Quiero decir que mientras es el ser del Estado el que determina que el tiempo institucional haga de una Escuela parte de la Sociedad Civil que lo sostiene, es la propia vida del sujeto la que transcurre como tiempo grupal, de ahí que exista como posibilidad de mi discurso tener una escuela y ser un grupo.

Y así, como un grupo en la producción desencadena lo no representable (lo obsceno), es una apertura amplia y serena a todo lo Otro bajo la forma de lo nuevo. Una escuela desencadena en su producción lo no simbolizable (lo ideológico) transformándose, a veces, más allá de sus estatutos ya que puede darse que no transmita lo que dice transmitir, sino que transmita modelos ideológicos del Estado. Y como todos sabemos, porque ya lo decía Mallarmé: un gran hombre, una gran mujer, sólo son posibles si son capaces de vivir y pensar fuera de los estados. Y Mallarmé decía, claramente, que los estados para su sobrevivencia y el mantenimiento del equilibrio de la sociedad civil, no tienen pensada ninguna grandeza para ningún ciudadano que no sirva para que todo permanezca tal cual está. Es decir, todo estado, a pesar de ser producto de las transformaciones históricas, niega sistemáticamente y emplea todo su poder para ello, las transformaciones históricas.

Y puedo pensar que entre nosotros, tal vez en mí mismo, haya un intelectual que se pregunta si no es mejor la locura que la civilización y yo le contestaría, creo que sabiamente, que para un intelectual, tal vez, pero para un loco no.

No nos comanda lo dicho o lo no dicho, sino lo imposible de ser dicho, lo indecidible.

Propongo, entonces, un sujeto doblemente encadenado con un agujero de libertad, lo grupal. Y la poesía como el instrumento más apropiado para transformar cualquier eslabón de la cadena en un agujero de libertad.

Y es la escritura la que propone un sendero oscuro y nuevo, una luz que pide más luz, unas tinieblas que nos dejan a tientas, en tanto no se trata de lo concluido o lo por concluir, sino de lo incluso por excelencia, lo que sólo existe en acto, más allá del principio o del fin, pues el sujeto de la creación se trata de un sujeto suspendido en otra temporalidad, una temporalidad que se funda en lo real imposible.

Todo pensamiento, todo proceso creativo comienza en el vacío, por eso que el coordinador de un taller de poesía deberá especializarse como generador del vacío, después la poesía misma le pondrá cornisas a ese vacío, siendo el coordinador el que deba saber arreglárselas con la angustia ya que su lugar deberá ser el de ese vacío y lo grupal sería el lugar de anclaje de cada elemento del grupo en el proceso de creación.

## ARTE POÉTICA

Poesía, lo sé, mientras te escribo,
dejo de vivir.

Entrego, mansamente, mis ilusiones,
mis pobres pecados proletarios,
mis vicios burgueses y, aún,

antes de penetrar tu cuerpo,
—tapiz enamorado—
abandono mi forma de vivir,
miserias,
locuras,
hondas pasiones negras,
mi manera de ser.
Vacío de mis cosas,
abanderado de la nada,
transparente de tanta soledad,
invisible y abierto,
permeable a los misterios de su voz,
intento, rasgo
sonoro sobre la piel del mundo
                la piel de la muerte
                la piel de todas las cosas.

Poesía, sobre tu piel, rasgos sonoros,
esquirlas apasionadas,
imborrables astillas de mi nombre.

# LA TRANSFERENCIA

**Vigencia de Sigmund Freud**

Facultad de Psicología de la Universidad de Buenos Aires
Septiembre de 1996

Hoy intentaré hablar de aquello que, si bien algunos creen conocer, se presenta como un nuevo continente y un nuevo continente como todos sabemos debe continuar aún su formación y, por lo tanto, no puede dar cuenta de sí mismo.

Un continente que antes de pensar en su autonomía tuvo que padecer, para poder ser aceptado en la comunidad de nuevos continentes, de todos los imperialismos imperantes.

Desde la medicina hasta la poesía. Pasando por la estupidez y la magia en algunos países, como el nuestro, lo militar luchó contra cualquier crecimiento de este nuevo continente.

Estamos hablando del psicoanálisis, aparentemente una cosa tan individual, tan de diván y, sin embargo, poderosos sistemas sociales se oponen a su socialización.

¿No es acaso la propia familia del loco la que retira al paciente del tratamiento?

¿No son acaso las instituciones psicoanalíticas, internacionales o no (léase lacanismos en general), que interrumpen el psicoanálisis de sus miembros porque alguna política de moda no lo permite?

Y si nos preguntamos ahora quién le teme al psicoanálisis, podríamos responder: en general, todos temen.

Más difícil nos ha de resultar responder a la pregunta de por qué se le teme al psicoanálisis.

Y aquí, debemos saberlo, el miedo tocará toda reflexión.

A) El investigador queda implicado en la operación mucho más de lo que se suponía. Ya que no habrá psicoanálisis sin el deseo del psicoanalista.

El investigador deberá saber ahora que toda su producción no llevará como se dice la marca de su personalidad sino la de su deseo inconsciente a quien, por otro lado, nada le importa, ni el destino de la producción y ni siquiera su belleza o su completud.

Pero recién hemos hablado del deseo inconsciente que no es el psicoanálisis.

El deseo inconsciente es el vector que en el tiempo producido por la teoría psicoanalítica (que es una compleja articulación que se produce en su praxis), roza asintóticamente su realización y su muerte. Sin conseguir nunca ni realizar ni morir, ya que realización y muerte son sinónimos cuando se trata de poner fin al mecanismo que sostiene en vida lo psíquico verdaderamente real, el inconsciente.

Una presencia que por su persistencia termina siendo invisible para nosotros mismos, es decir, actúa en nosotros como una ausencia. Y por otro lado una ausencia que de tan ausente se hace presencia nítida y así, en la mayoría de los casos, como realidad objetiva actúa sobre nosotros.

Hasta aquí, temo al psicoanálisis, entonces, porque el primer requisito (que me requiere sin imponérmelo) para ser ciudadano de semejante mundo es aceptar la incertidumbre como un estado natural dentro del territorio y en lugar de huir o matar, como nos venía enseñando la familia y, por qué no decirlo, también el Estado, habrá que ponerse a conversar.

Y conversar no es cualquier cosa, sino que es en la precisión de un diálogo donde se conversa. Y la precisión de un diálogo no es otra cosa que la determinación del concepto de transferencia sobre la praxis psicoanalítica.

Que sea de una manera y de ninguna otra:

Él hablará a nadie y menos que menos al analista.

El Otro hablará para nadie, menos que menos para el analizado.

Diálogo que ofrece como única garantía que alguien hablará, él, el Otro, pero nunca nadie sabrá quién habla ni a quién habla.

Si ahora soy capaz de aceptar esta incertidumbre en lugar de los riesgos que me ofrece la carretera, el paracaidismo, o las cantinas donde uno puede beber hasta morirse, entonces estamos en condiciones de comenzar.

B) Si soñar soñamos todos y, trabajando los sueños, Freud produjo la teoría del inconsciente, todos, aun no queriéndolo, tenemos nuestra propia vida implicada en el descubrimiento.

Por lo tanto, temo por segunda vez al psicoanálisis cuando después de haberme pedido que, para pensarlo, debía abandonar mi razón que, por otra parte, era mi razón de ser, me pide ahora, como requisito indispensable para poder rozar ese saber no sabido en mí que modifique mi propia vida. Es decir, que cambie de las relaciones con los otros las pequeñas mezquindades, los eternos rituales, sin prometerme nada a cambio sino, sencillamente, me prometerá aquello que temo: una transformación.

Por lo tanto temo lo que el psicoanálisis en su transmisión me requiere, psicoanalizarme.

C) Y si fuera poco motivo de temor haber modificado los fundamentos que permitían no sólo la supremacía de la razón, sino el equilibrio de la misma. Haber modificado mi propia vida, mis propios sentimientos, el psicoanálisis me da miedo y ésta es la tercera vez: porque por ley de su praxis impone a la mujer algo que nadie antes le había impuesto, a pesar del extenso dominio que se ejercía y se ejerce sobre ella.

Y es aquí donde deberíamos deternernos para contemplar atónitos la verdadera subversión que produce el psicoanálisis generando un hecho, por primera vez en la historia de la humanidad contemporánea, que modificará con el tiempo el destino de las civilizaciones, por lo menos, occidentales.

Lo que tengo que decir y si es con tantos rodeos, ha de ser porque en este punto se concentran mis resistencias. Temo por tercera vez porque la mujer tendrá como obligación hablar y escribir y temo más aún cuando reconozco que quien obliga a la mujer por primera vez en su historia como mujer, a hablar y a escribir, no es otro que el psicoanálisis.

Y para que no se me confunda con ningún fanatismo de moda, diré que el psicoanálisis no ha triunfado sobre nada. Ni siquiera sobre lo que debería ser materia prima y deseo de su desarrollo revolucionario, la mujer.

Y es aquí donde, por lo menos, renunció Lacan. Ya que todo aquél que haya transitado la praxis psicoanalítica sabe, perfectamente, que hacer hablar a una mujer es tan difícil y, a veces, tan imposible como hacer hablar a la poesía.

Dejar de ser el hecho mismo para contarlo es para la poesía, en todos los casos, transformarse en un género menor.

Dejar de ser sus propias vibraciones es para la mujer, en todos los casos, un hecho triste.

Y no hay descubrimiento, por más importante que resulte de la conversación, que pueda opacar la magnitud de su tristeza. Tristeza sólo comparable a la tristeza del poeta frente a esa página que le dice: la poesía no volverá jamás.

La grandeza que nos plantea la semejanza de una tristeza incalculable, hará por un trecho al poeta y a la mujer nuestros compañeros de viaje.

Cuando ella duerme apacible creyendo que el mundo son sus sueños, él trama sobre un papel satisfacerla.

Ninguno de los dos consigue gran cosa.

Ella, frente a la incertidumbre que le producen sus propios sueños, para seguir temblando, sueña.

Él espera, porque no sabe hacer otra cosa que escribir versos, que los sueños de ella cristalizados por él sobre un papel se transformen, ahora, en lingotes de oro.

Ella duerme para soñar, porque el mundo que le interesa son los versos de él.

Él no puede dormir ni de día ni de noche y no deja de soñar.

Después con el tiempo terminan siendo dos desgraciados.

Cuando él, por fin, consigue algunos lingotes de oro, ella ya no sueña, ha comenzado a trabajar.

Cuando vuelve de trabajar él le grita para animarla: Vamos querida, la poesía es un arma cargada de futuro y usted es ella.

Ella, mientras tanto, en los momentos libres, aprovecha y duerme y mientras duerme sueña que sueña todo el día.

Él sabe que ella nunca se lo perdonará y, sin embargo, sigue dibujando sobre un papel los más íntimos detalles de todo el recorrido.

Ninguno de los dos puede con lo que es. Como si estuvieran viviendo en un país pero sometidos a las leyes de otro país.

Y antes de cerrar el paréntesis decir que sólo hemos podido ver (cayendo en el error en que todo el mundo cae) las diferencias que existen entre un poeta y una mujer. Pero hemos dejado para fundamentar con el tiempo que más allá de la gran diferencia donde la poesía determina y ella padece, la mujer y la poesía son semejantes en todo.

Habiendo contestado, en parte, algunos de los porqué se le teme al psicoanálisis, podremos ahora entrar con parsimonia en nuestras cuestiones que hoy han quedado reducidas por el título de la conferencia a que soportemos sobre nosotros mismos la vigencia del psicoanálisis.

Soy inmensamente feliz de estar hoy aquí frente a ustedes intentando con toda mi inteligencia poder comunicarles, al menos, las líneas generales de mi pensamiento en lo que corresponde llamar campo del Psicoanálisis, ya que de mi poesía ninguna línea general será más general y más línea que la que ustedes puedan desprender de la lectura de mis escritos.

Hace en estos días, exactamente, 38 años desde mi primera sesión de psicoanálisis y esto no es para justificar mi discurso en general sino, sencillamente, para justificar poder hablar de lo que no se puede hablar:

El Inconsciente. La Interpretación. La Transferencia.

Sé que los lacanianos, por no haberse psicoanalizado lo necesario y, por consiguiente, haber confundido el inconsciente con lo bajo, la interpretación con lo alto y la transferencia con el amor, han generado una multitud de inmortales, mudos y bastante sordos, pero a todos ustedes eso les parece producto de la libre competencia, es decir ustedes piensan el fenómeno lacaniano de la misma manera como piensan el fenómeno de la coca-cola.

Y para no alejarme mucho de aquello por lo cual fui convocado, os diré que sé perfectamente que estamos en una casa de altos estudios, donde algunos (los suficientes para haber producido una corriente de opinión al estilo de las dictaduras) profesores de esta casa, me hacen responsable de la sexualidad que aconteció en el año 1970 en Buenos Aires.

Y nadie ha sido capaz de desenmascarar a los hipócritas, ya que hoy día todos sabemos lo que en aquel momento sólo algunos poetas y el Grupo Cero sabían, que la sexualidad a partir del 70 no era comienzo de nada sino precisamente un fin de fiestas, como después más de 40.000 muertos nos hicieron saber.

Soy, entonces, según algunas lenguas, el cuerpo semidestruido y deformado (los años, el exilio, quién sabe qué) que posibilitó aquel acto y es por eso que os pido vuestra palabra de honor, que no me obligarán a reproducir la escena con alguno de ustedes.

En general, en un sentido amplio y generoso, pienso en ustedes amablemente y los veo estudiando un poco, pensando un poco, tratando de dilucidar por qué las dictaduras dejan en manos de los hombres, aparentemente, más cultos de la ciudad, el trabajo de seguir ejerciendo el poder, hacer imperar esa moral. Ese ha de ser el motivo, la causa, como se estila decir en estas aulas, para que las cabezas visibles de algunas iglesias psicoanalíticas de Buenos Aires, París y algunos pueblecitos de España, quieran quemarme en la hoguera de sus antiguos sentimientos, porque no entienden por qué desde mi primera sesión psicoanalítica en 1958 hasta 1970, tuvieron que pasar doce años para que yo hiciera mi primera interpretación.

Desde la primera interpretación recibida: «Lo que usted habla es sólo para hombres...» hasta poder incluir una mujer en mi pensamiento pasaron doce años.

Lo recuerdo perfectamente, como si fuera a ocurrir mañana.

Ella llegó hermosa, más que nunca, espléndida en su hermosura y me dijo, mientras nos dábamos la mano:

—Hoy podría si usted me lo permitiese, acostar mi mirada sobre su mirada.

Yo bajé la mirada y pensé en los pibes de la Facultad de Psicología, Guillermo, Daniel. Era una verdadera lástima que no pudieran presenciar, personalmente, ésta, aquella experiencia límite.

—No me contesta nada (ella se había dado cuenta que yo estaba en silencio), una vez más prefiere mi dinero a mi propia inteligencia que es, también, la suya.

Yo me senté en el sillón y creo que llegué a hacer un gesto con la mano indicándole el diván.

De pronto, desde la punta de mis dedos se generó una atmósfera lumínica y, a la vez, borrosa.

—Sueño o temblor, se preguntó ella entre la bruma.

Yo sin contestar moví la cabeza de un lado para otro, como para despejarme, mas sin saber de qué quería despejarme.

Mientras ella de alguna manera se contorsiona, yo recuerdo al gran Pichón Rivière después que yo le había contado, con frenesí, que una paciente, al encontrarse conmigo en una fiesta, me besó; él me dijo:

—Ella lo quiere asesinar— y luego en tonos diferentes siguió hablando con mucha tranquilidad de la posibilidad que tenía la poesía de ser el más preciado instrumento de conocimiento de la realidad histórica...

—Perdón que lo interrumpa —me dijo ella a pesar de que yo

no había comenzado a hablar— usted, prosiguió ella, ¿no llega a sentir mi cuerpo estremecido entre sus brazos?

Ella no estaba del todo equivocada, sentir, yo no sentía nada pero su cuerpo, si era verdad que se estremecía, lo hacía en algo o sobre algo que podría ser mío, el diván.

—Bendigo su silencio (ella decía para que todo fuera sublime, aunque yo escuchara lo que podía), su silencio, insistió, bendito sea, que me permite gozar de su cuerpo, mi cuerpo, de una manera tan extensa, como decía Freud, creo...

Ahí, para decir verdad, que no se puede decir aunque se intente, me dio un poco de rabia (supuestamente anal) que se metiera con Freud de esa manera tan superficial y entonces no pude contenerme y le pregunté:

—¿En qué fiesta se lo dijo Freud?

—Qué agresivo, exclamó ella; sentí que me la metía por el culo. Al principio me dolió algo, pero después, gocé, bueno, es un decir, me gusta digo, especialmente, que sea tan bruto como un camionero y, a la vez, tan dulce y frío como una muñeca de porcelana...

Nada, yo no decía nada. Pensé con temor en dar por terminada la sesión y me pareció absurdo tener miedo de las palabras, como tantas veces le pasa al neurótico y reemplacé, rápidamente, el continuamos la próxima, por un sencillo:

—La escucho...

—Hoy no quiero y ni siquiera deseo que usted me escuche (yo la sentí contundente en su decir), hoy, doctor, quiero sentirlo vibrar conmigo. Y no me diga que no puede, que a mí me lo contaron en la Facultad de Psicología los jefes de las iglesias lacanianas y otras menos prestigiosas. Usted, doctor, puede llegar a ser, si yo, su pequeña reina lo desea, el más grande vibrador de Buenos Aires. Yo he visto con mis propios ojos a esos grandes jefes temblar y consolarse hasta el exceso con una simple vibración de su voz.

—Es por eso que en esta mañana desolada y limpia, tomo venganza en nombre de todas las esposas, novias, concubinas de todos los mal-dicientes psicoanalistas de Buenos Aires y, por las dudas, de París, y me lo garcho aquí en su diván, yo y todas mis amigas y usted jamas podrá olvidarse de este polvo porque yo misma y mi marido y los amigos de mi marido nos encargaremos, personalmente, de difundirlo.

Algo que nunca fue es lo que se recuerda siempre.

Algo que nunca hubo tiene que ser perdido.

La transferencia se dispara desde el futuro.

La relación sexual no existe o, por lo menos, no deja huella.

El Falo no puede ser representado y en una gran pantalla como si viera el futuro, veo muy próximo, al alcance de una frase, el comienzo de vuestro propio psicoanálisis.

Han creído en el amor en lugar de producirlo.

Han explicado la transferencia.

Han aconsejado en falso.

Han confundido la sexualidad, la propia materialidad inconsciente, con lo que hacen algunos hombres y, en general, las vacas y los perros.

Han hecho religión, es decir dogma, moral, de la única teoría vigente para producir libertad.

—Comprendo, dijo ella, aunque yo seguía sin hablar. Comprendo, insistió, el cuerpo del poeta yace a mil kilómetros de profundidad, es inalcanzable.

Fue entonces con amabilidad que le dije:

—Continuamos la próxima...

El concepto de transferencia es el que sostiene, históricamente, la teoría psicoanalítica y es por eso que cuando se altera, disminuye o se deja de imponer el psicoanálisis de los psicoanalistas o candidatos a serlo, las instituciones se pudren o se degradan hasta tal punto de transformarse en pequeñas o grandes dictaduras o casi peor, en concepciones, todas ellas anteriores a la producción de El Inconsciente en la obra de Freud, como ya está pasando en la Internacional y como ya pasó, muy poco tiempo después de la muerte de Lacan, en todos los grupos lacanianos de Argentina, pero también de Francia,

Brasil y España, que son las comunidades de las cuales tengo algunas noticias.

Por eso que no será en vano reiterar (y esta vez frente a ustedes que disponen de la mayor astucia para darse cuenta de lo que vengo a proponer) que en psicoanálisis no hay teoría fuera de la clínica y explicar entonces, de manera sencilla, que sin psicoanálisis del psicoanalista no hay producción del inconsciente.

Decimos entonces que no es que los sujetos al encontrarse produzcan la transferencia o que el paciente la traiga con él (como una reproducción de su pasado) o que la reciba como un don de su psicoanalista sino que, precisamente, el concepto de transferencia es el que produce tanto al sujeto que se psicoanaliza como al psicoanalista que no es ningún sujeto, sino un lugar.

# PATOLOGÍAS DE FIN DE SIGLO

Buenos Aires, 1998

Estos días previos al Congreso VII del Grupo Cero, Clínica Psicoanalítica, *«Patologías de fin de siglo»*, estoy viendo caer todos los mitos.

Los casos de los que tengo que escribir necesitan el máximo secreto, ya que investigar seriamente estas enfermedades muestra claramente la vida íntima del enfermo que, en la mayoría de los casos, estos pacientes prefieren la enfermedad a la verdad.

Esta vez tengo que hablar del SIDA, del Cáncer, de la Vejez, de la Muerte, de la Decadencia.

Todos nosotros éramos inmortales, yo también, recuerdo en dos oportunidades, toda la comunidad donde vivía se vacunó y yo no. Algunos de la comunidad cayeron enfermos de aquello que se prevenían con la vacuna y yo que no me había vacunado, no había tampoco contraído la enfermedad.

Si hubiera sido más valiente, más arriesgado, algo hubiera demostrado en esa oportunidad.

De cualquier manera sin escribir de eso y sin decirle nada a nadie dediqué toda mi vida a esa investigación: ¿por qué en iguales circunstancias unos enferman y otros no?

Lo primero que se me ocurrió pensar en ese momento fue que para enfermar, también, era necesaria una capacidad.

No cualquiera, como se creía y se sigue creyendo actualmente, puede enfermar de cualquier enfermedad.

En verdad, en el sentido propio del enfermarse, el sujeto que no enferma de gripe en una ciudad donde todo el mundo está contagiado de gripe, es un incapaz.

Y en este sentido, puedo decirlo sin exagerar, me encontré a lo largo de mi experiencia clínica con casi todas las situaciones.

Desde lagartos empequeñecidos por el sol hasta saltimbanquis alegres pero desesperados.

Un fin de siglo, en realidad, donde todos nos parecemos en algo. La drogodependencia es extrema, toca todos los niveles de la sociedad, en una realidad donde sólo pueden triunfar los superhombres, la gente busca desesperadamente ayuda, algo que les permita sentirse más normales, con más energía, con más imaginación, más, más, más... Y así cae en los brazos de la heroína, cocaína, alcohol, marihuana, genioles, antidepresivos, pastillas para comer, pastillas para no comer, sustancias para activar la capacidad sexual, pastillas para tranquilizar los nervios, los juegos de cartas, el tute cabrero, las máquinas tragamonedas, los caballos todos los días y seis quinielas diarias, el quini, el loto y luego están los que se drogan con las personas. No aman a nadie, no desean a nadie, pero están todo el día acompañados y hay, todavía, algunos que para darse importancia hacen escenas de celos aunque no exista ningún amante y llegan a creer que las personas se pueden tener o no tener.

Algunos ambicionan morir de la misma enfermedad que murió su madre y mueren sorpresivamente, en la vía pública, atropellados por un camión cargado con un millón de litros de leche fresca.

Y otros que, aparentemente, ejercen una libertad plena y, sin embargo, terminan muriendo de la misma enfermedad sombría del padre.

Ella, por ejemplo, quería enfermarse de los testículos pero no tenía testículos.

Él quería tener un tumor de ovarios pero no tenía ovarios.

Ella quería sólo para ella.

Él no la quería ni siquiera para él.

Después fueron obligados a vivir juntos.

Él, por fin, hizo como que la quería.

Ella, por fin, hizo como que amaba a otros hombres.

Todos defendían el mismo amor, pero nadie lo tenía.

Ella, entonces, pidió su libertad, él, entonces, le dijo que la amaba.

Ella retrasó su proceso de liberación un siglo más.

Ella, aburrida, se puso a hacer el amor con sus amigas y de paso sentían que luchaban por su liberación.

Él se sintió abandonado por ella y cayó en la droga y la homosexualidad e inventó el Sida, para que ella fuera fiel.

Ella, ya que no quedaba otro remedio, pidió a cambio de su fidelidad algo de poder.

Le dieron el 25 por ciento de todo que, como sabemos, no sirve para nada.

Para realizar alguna acción, tenía que pactar con varios hombres y siempre ocurría lo mismo: Alguno de los hombres le decía que la amaba y ella abandonaba por un tiempo la revolución hasta que se daba cuenta que él hacía de cuenta que amaba a todo el mundo, también a ella.

Algunas veces se encontraba con un poeta, pero eso era lo más prohibido.

Ella amaba tanto que un poeta la amara que él organizó un sin fin de congresos de escritores y contrató a los escritores restantes para las secciones literarias de los diarios y de esa manera terminó con todos los poetas.

Ahora ella aprendió a llorar y a escribir, en poco tiempo más comenzará la guerra.

Él reinventa enfermedades del pasado para provocar clemencia.

Ella se enferma como él de todo y lo odia y ya no sabe si existe alguna independencia.

Él le dice, una vez más, que la vida es así y a la mañana siguiente los dos van a trabajar.

Las amigas de ella y los amigos de él, también, van a trabajar.

Digamos que hoy día nadie soporta a nadie como un semejante.

Cada uno de los seres humanos somos para los otros seres humanos como cuerpos extraños. Al encontrarnos no podemos otra cosa que producir reacciones sensibles y, siempre, descontroladas, algo así como las viejas reacciones antígeno anticuerpo o semejante.

El cáncer, el Sida, las enfermedades del colágeno, el infarto de miocardio (la mayoría de las veces) lo demuestran.

La enfermedad, la más grave patología de fin de siglo sería entonces que no aguantamos a nadie.

Espero que en el desarrollo del Congreso podamos generar los anticuerpos necesarios para llegar a mínimos acuerdos entre camaradas, colegas, semejantes, que nos permitan seguir produciendo nuestra propia historia, que una vez construida como historia será diferente para cada uno.

Y será ahí, donde por ser semejante me diferencio, me distingo, que el psicoanálisis y la poesía tocan un registro imposible que es el mismo.

Esa manera heroica en que el poema, de lo visto y vivido por todos los hombres, genera una nueva realidad donde lo visto y lo vivido ya no tienen ningún sentido, es tarea única de la interpretación psicoanalítica, con lo visto y vivido (el discurso manifiesto–la asociación libre) generar una nueva realidad donde los síntomas pueden no ser necesarios.

Habrá entre nosotros algún arrebatado que le quiera sacar la piel al psicoanálisis, desnudar al psicoanálisis delante de todo el mundo para mostrar los fundamentos de su existencia científica, pero no encontrará lo que busca, ya que para Freud el fundamento de la existencia científica del psicoanálisis es la Poesía, es decir, que la Poesía es, también, un concepto.

Y este tiempo donde la Poesía es, también, un concepto en el campo del psicoanálisis, tiene nombre y apellido y se denomina Grupo Cero y si he llegado a nombrar lo que hubiera preferido que nombraran ustedes es para poder hablarles de las dos más grandes patologías de fin de siglo: El psicoanálisis, herido a muerte por el sentido, ya no sabe callar para que hable lo Otro, y la Poesía, herida a muerte por el post-modernismo, ya no puede generar nuevas realidades y se conforma con contar historias ya vividas.

Es decir, que para terminar y dar por inaugurado el VII Congreso del Grupo Cero, quiero deciros que venimos a curar al psicoanálisis y a la poesía del verdadero mal de fin de siglo. Muchas Gracias.

NARCISO*
Willi Bristow

### Novela

NO VE LA ROSA
Miguel Oscar Menassa

TERRITORIO LIBERADO*
Sergio Larriera

LOS DEMONIOS DE MAYO*
Jorge Zicolillo

NO SOMOS UNA BANDA*
Orlando Espósito

JUGAR CON FUEGO*
Federico Schmied

### Psicoanálisis

LA MIRADA DE LOS LOBOS
Jaime Icho Kozak

INCONSCIENTE COMO LENGUAJE
Emilio Aniceto González

FREUD Y LACAN HABLADOS I
Miguel Oscar Menassa

SUBJETIVIDAD, GRUPALIDAD,
IDENTIFICACIONES
Juan Carlos Brasi

ABORTO Y DIVORCIO
Osvaldo Ortemberg

PSICOSIS INFANTILES*
Jaime Icho Kozak

PSICOANÁLISIS DE LA SEXUALIDAD*
Miguel O. Menassa, María Chévez, Stella Cino

PSICOANÁLISIS DEL PSICOANÁLISIS*
Jaime Icho Kozak

### Teatro

TEATRO FESTIVO*
Teófilo Larriera

## ACTAS

ACTAS 1er CONGRESO PSICOANÁLISIS Y PSICOSIS
Varios autores

ACTAS 1er CONGRESO DE POESÍA Y
PSICOANÁLISIS
Varios autores

ACTAS 2° CONGRESO DE POESÍA Y
PSICOANÁLISIS
Varios autores

ACTAS 5° CONGRESO INTERNACIONAL.
CLÍNICA PSICOANALÍTICA
Varios autores

ACTAS 6° CONGRESO INTERNACIONAL.
LA DEPRESIÓN. UNA ENFERMEDAD SIN ROSTRO
Varios autores

ACTAS 7° CONGRESO INTERNACIONAL.
PATOLOGÍAS DE FIN DE SIGLO.
Varios autores

***.- Edición agotada.**

*Esta obra se terminó de realizar
por COMFOT, S. L.
a finales de marzo
del año 2000.*

**EDITORIAL GRUPO CERO**

Princesa, 17 - 3º Izda. 28008 Madrid. España. Teléfono 91 542 33 49

Carlos Pellegrini, 833 - 4º «C», 1er Cuerpo.
1009 Buenos Aires, Argentina. Teléfono 14 328 06 14

Digital: grupocero@grupocero.org

**MIGUEL OSCAR MENASSA**

Nace en 1940
Poeta, médico, psicoanalista.
Dirige actualmente la
Escuela de Poesía y Psicoanálisis
Grupo Cero y las revistas
Las 2001 Noches y Extensión Universitaria

— LA FAMILIA COMO ESTRUCTURA
  SEXUAL.
  Euskadi, 1979
— EL VALOR DEL PSICOANÁLISIS.
  Madrid, 8 octubre 1981
— POESÍA Y PSICOANÁLISIS.
  Buenos Aires, 1985
— PSICOANÁLISIS Y PSICOSIS.
  Madrid, julio 1988
— ENCUENTRO SOBRE EL FIN DE
  ANÁLISIS
  Madrid, enero 1989.
— LA TRANSMISIÓN Y LA GRUPALIDAD.
  Conferencia inaugural, Madrid, 1989
— EL DESEO EN FREUD Y LA TRANSMI-
  SIÓN DEL PSICOANÁLISIS.
  Madrid, 18 octubre 1989
— POESÍA Y PSICOANÁLISIS.
  Santander, 1990
— EL PAPEL DEL COORDINADOR EN LOS
  TALLERES DE POESÍA.
  Berlín, 1994
— LA TRANSFERENCIA
  Facultad de Psicología Universidad
  de Buenos Aires, 1996
— PATOLOGÍAS DE FIN DE SIGLO.
  Buenos Aires, 1998

La poderosa muerte unida a los vocablos
   más sutiles.
El cruel espanto, el dolor más extremo,
   besados por la luz.
El verso más antiguo bordado en tus cabellos.
Entre palabras, por túneles secretos, hacia lo no
   sabido.
¿Transmitir el psicoanálisis?
¿Amar definitivamente la poesía?
Sólo después sabré, sólo después sabremos
cuando lo irremediable pregunte por sí mismo
cuando la muerte venga anudada en un punto
cuando el baile sonoro de los días detenga su
   mirada, vendrán de nuestra vida los saberes
y, ahí, ya no seremos éstos, sino lo escrito.

No vengo por nadie en especial, vengo por
todos. Hablar y amar fue todo mi pasado. París
mi prehistoria, donde Lacan y hablar estuvieron
de moda. Muerto Lacan porque hablar no era
suficiente, nadie podrá pasar, soy el que escribe,
el que vertiginosamente se adelanta en las sombras.

El autor

ISBN 84-85498-77-1

www.ingramcontent.com/pod-product-compliance
Lightning Source LLC
Chambersburg PA
CBHW061353250726
48657CB00004B/1478